シリーズ みんなで育てる家庭養護 里親・ファミリーホーム・養子縁組

4

中途からの養育・支援の実際

子どもの行動の理解と対応

編集代表 **相澤 仁**

編集 **上鹿渡和宏・御園生直美**

明石書店

シリーズ
みんなで育てる家庭養護
里親・ファミリーホーム・養子縁組

編集代表
相 澤　　仁（大分大学）

編集委員（＊本巻担当編集）
澁谷　　昌史（関東学院大学）

伊藤嘉余子（大阪府立大学）

渡 邊　　守（NPO法人キーアセット）

長田　　淳子（二葉乳児院）

酒 井　　厚（東京都立大学）

舟橋　　敬一（埼玉県立小児医療センター）

上鹿渡和宏（早稲田大学）＊

御園生直美（早稲田大学社会的養育研究所）＊

千賀　　則史（同朋大学）

野口　　啓示（福山市立大学）

シリーズ刊行にあたって

　里親家庭で暮らした経験のある人が、当時をふりかえり「手をかけること、手をつなぐこと、手を出さないこと、などなど。野の花のような里親さんの手は、私に長い人生を歩んでいくための生きる力を育んでくれたに違いありません」と語ってくれています。家庭養護のもとで暮らした経験のある多くの子どもたちは、里親家庭やファミリーホームなどにおける養育支援を通して、同じように生きる力を育み人生を歩んでいます。

　未来を担うかけがえのない子ども一人ひとりが心身ともに健やかに成長発達し、健幸な人生を送ってもらうことを願い、家庭の中に受け入れ、養育支援する里親・ファミリーホームなど、家庭養護は極めて重要なシステムです。

　周知のとおり、2016（平成28）年の児童福祉法の改正により、子どもが権利の主体であることが明記されました。また、国および地方公共団体の責務として、家庭において養育されるよう保護者を支援するとともに、それが困難や適当でない場合には家庭と同様の環境（里親、ファミリーホーム、養子縁組）における子どもの養育を推進することになり、家庭養護優先の原則が法律上に規定されました。

　この改正法の理念を具体化するため、厚生労働省に設置された検討会で「新しい社会的養育ビジョン」がとりまとめられ、里親への包括的支援体制（フォスタリング機関）の抜本的強化と里親制度改革、永続的解決（パーマネンシー保障）としての特別養子縁組の推進、家庭養育優先の原則の徹底と年限を明確にした取組目標など、その実現に向けた改革の工程と具体的な数値目標が示されました。

　これらを受けて、都道府県においても「社会的養育推進計画」を策定し、家庭養護の推進に取り組んでいます。こうした抜本的な改革が行われたにもかかわらず、それを実践していくための里親、ファミリーホームおよびそれを支援する関係機関・関係者などに対する総合的なテキストは出版されていないのが現状です。

　このシリーズでは、こうした制度改正などの動向を踏まえ、里親、養親および支援する関係機関・関係者を対象の中心に据えた、実践に役立つ、子どもとともに学び、ともに生活し育ちあう、といった臨床的視点を入れた養成・研修のテキストとして作成しました。これまでの子どものケアワーク中心の個人的養育から、今後目指すべき方向性としての親子の関係調整などを含めた関係機関との連携によるソーシャルワーク中心の社会的養育を基本に据えた、子どもの権利擁護や子どものニーズに合った実践のための基本的な考え

方・あり方について言及し、里親、養親および関係機関・関係者による養育や支援の一助となることを目的として作成しました。

　具体的に言えば、里親家庭やファミリーホームなどで生活する子どもやその家族とかかわる方々に、子どもを健全に育成するには、自立を支援するには、あるいはその家族を支援するにはどのようにかかわればいいのか、そのために地域や関係機関とどのように連携・協働すればいいのか、その一助となるために作成しました。

　実践において迷ったり、考え直したいときなどは、ぜひともこのシリーズを開いてみてください。子どもや家族とのかかわりにおける悩みや迷いを解決するためのヒントが得られることでしょう。どうぞ、このシリーズを、みなさんが家庭養護を必要としている子どもの健全育成や自立支援およびその家庭支援について、深く検討していくための資料として活用してください。

　当然のことながら、子どもの健全育成や自立支援およびその家庭支援をするために必要な内容がすべて網羅されているわけではありませんので、当事者である子どもはもとより、里親、ファミリーホームおよび関係者のみなさんのニーズにお応えできない面もあります。

　あくまでも参考書のひとつですので、みなさんが里親家庭やファミリーホームで生活している子どもやその家族とよりよいかかわりをするためにはどのように対応したらいいのか、それについて検討するためのしくみや基本的な考え方・ポイント、実践上のヒント、エピソードなどについて提供しているものです。その点について十分に認識のうえ、ご理解、ご活用ください。

　このシリーズが、研修テキストなどとして活用され、里親家庭やファミリーホームなどで暮らす子どもの健全育成や自立支援について考えるための契機となれば幸いです。

　最後になりましたが、本シリーズの刊行にあっては、編集・執筆全般にわたってご指導をいただいた編集委員の方々をはじめ執筆者の方々はもちろんのこと、本シリーズの刊行をご快諾いただき、刊行全般にわたりご教示いただいた明石書店の方々、深澤孝之氏、辛島悠氏、ならびにご協力いただいた方々に、この場を借りて心より深謝申し上げます。

編集代表　相澤　仁

はじめに

　近年、日本でも里親制度への関心や取り組みが広がってきましたが、里親制度の成功には充実した里親支援が欠かせないことが分かっています。質の高い里親養育を提供するためには、一人ひとりの子どもや里親家庭に寄り添った専門性の高い支援が重要になります。しかしながら、日本では本格的な里親養育の拡充は、まだ始まったばかりで具体的な里親養育に関する実践や知見の蓄積はまだまだ少ないのが現状です。そのため里親を広げていこうと努力している現場では、里親養育の実践や支援において手探りの状況が続いています。

　そこで、本書では第一線で活躍されている里親養育の実務家や、子どもの支援の専門家、研究者から、明日からの里親支援の現場ですぐに役立つ理論やアプローチなどについて、具体的な事例や実践のヒントを入れて解説していただきました。

　全体の内容は、大別すると主に3つのパートに分かれています。はじめの第1章、第2章では、里親養育のプロセスを、子どもと里親の出会いから別れまで、それぞれ子ども、里親、支援者の視点から検討しています。特に子どもの養育が始まる前に知っておくべき内容として委託前後に留意するポイントや、里親養育で見られる特有の課題、子どもの行動など、里親家庭で安心して子どもを育てる環境を整えるための内容を網羅しています。

　次に2つ目のパートである第3章から第7章は、実際に子どもとの生活が始まった後に生じてくる、さまざまな課題にどのようにアプローチをしていくのかについて焦点をあてています。里親家庭やファミリーホームの中での実子を含めた子ども同士の関係、子どもの教育、また子どもが自分自身を理解していくのに欠かせないライフストーリーワークに加えて、里親の養育技術や、里親養育に特化したフォスタリングチェンジの紹介など、日々の実践で参考になる多くのヒントを得ることができるでしょう。

　そして最終パートの第8章から第11章は、里親養育を難しくさせる要因や、里親養育の中断に関連しやすいアタッチメントの問題やトラウマ、発達障害、子どもの行動上の問題について、心理学や医学の観点から分かりやすくまとめられています。子どもの行動の背景にある要因をしっかりと理解することで、効果的な支援につながる考え方やアプローチを学ぶことができます。

　本書は、里親やファミリーホーム、また児童相談所やフォスタリング機関で働く里親支援者や、研究者、学生、また社会的養護における子どもの養育に関心のあるすべての方を

対象にしています。本書を読むことで、里親家庭で暮らす子どもや彼らを支える里親についての理解が深まり、里親養育の実践に役立つ多くのヒントや、充実した里親支援につながる一助となれば幸いです。

2021年3月

御 園 生 直 美

目　　次

第1章 里親家庭での生活開始前後の移行ケア・支援

第2章 里親家庭における里親と子どもの適応過程とその支援

第3章 家庭養護（里親／ファミリーホーム）における子ども同士の関係性

第**8**章　アタッチメントの問題を抱える 子どもの里親養育

第**9**章　トラウマや逆境体験のある 子どもの理解と対応

第**10**章　知的障害・発達障害のある 子どもの理解と対応

第11章 行動上の問題がある子どもの理解と対応

里親家庭での
生活開始前後の
移行ケア・支援

Key Word

チーム養育／中途養育／交流支援／子どものニーズ把握

子どもにとってどういった里親家庭で生活することが望まれるのか、子どもと実家族の
ニーズ等を含めた包括的なアセスメントを経て、里親の選定は行われる。選定後も、マッ
チングや交流中、委託時等それぞれのタイミングでアセスメントを行い、子どもと里親家
庭と共にニーズの把握、それぞれの想いについて確認を行い、対応することで、安心で安
全な生活の場の移行と安定を維持することができる。

　また、子どもだけでなく里親家庭も、家族構成等を含めたアセスメントを定期的に行い、
その時に受け入れ可能な子どもの年齢や性別、状況等を判断しておく。里親家庭自身も、
登録した経緯、希望理由、登録後の家族状況等変化により、気持ちも含めた受け入れ態勢
に変動が生じている場合もある。里親養育は、通常の子育てに加え、児童相談所などの行
政機関やフォスタリング機関職員と共に子どもを育む「チーム養育」であり、公的に子ど
もを預かり育てる「公的養育」である。里親を希望する家庭だからといっても、最初から
「公的養育」について知識を有し、中途養育を経験しているわけではない。「里親」は、登
録認定されたから「里親養育が可能な家庭」になるのではなく、チーム養育をともに担う
職員とともに、子どもとの生活を通して「里親」になっていくのではないだろうか。

1. 交流開始前にしておくべきこと

　可能であれば、里親を希望して、児童相談所やフォスタリング機関に相談を行う時点か
ら「事前に知っておくこと」について担当者は確認をし、伝えておくことが望ましい。交
流前に何を確認しておけばいいかは、里親自身では考えることが難しく、リクルートおよ
びインテーク時点から、フォスタリング機関職員は丁寧に里親家庭の理解度とニーズ把握
を行いながら説明していくことが求められる。

　ただし、すべてに共通することであるが、こういった事前確認事項は、「助言・指導」
ではない。里親を希望される家庭が、里親として子どもを養育するにあたって、できるかぎ
り支障なく、また、負担なく養育をスタートさせるための「お守り」のようなものであ
る。事前に多くの情報を伝えていたとしても、いざ養育を開始するにあたっては、全く思
い通りにいかず、事前の話すら思い出せないほどの混乱に陥ることもある。思い出せなく
ても、「あの時、あの人が何かヒントを言ってくれていた。あの人は、この混乱の原因を
予期していたし、知っているはず」とだけでも記憶の隅にあることが、職員にSOSを出
せるきっかけとなり、混乱からの脱出の方策につながっていく。

▶▶▶実践上のヒント

1）里親家庭が確認しておくこと

　①里親希望理由の再確認

　②同居家族（飼育ペット含む）の意向と心身の状態把握

　③地域資源の確認（子育てひろば、小児科、救急外来、公園、保育園や学校等）

　④夫婦の子育て観、ライフスタイルの確認

　⑤「チーム養育」にかかわる機関と、「応援チーム」機関の確認

2）フォスタリング機関職員が留意すること

　①里親の養育観と子育てについての希望

　②児童紹介に関しての里親家庭内の受け止めと理解

　③初回面会から交流、委託までの流れと意図の説明

　④チーム養育および応援チームの確認

　⑤実親情報の整理と里親の理解度、説明

　⑥里親家庭で行う「公的養育」であることの説明

　里親家庭は、実際に子どもの紹介があった時に、子どもの年齢、性別、心身の発達状態について説明を受けても、ある程度の養育イメージが持てるようにしておくことが望ましい。どういった地域資源が必要となるのか、自身のライフスタイルをどの程度変更しなければならないのかなど想定することで、紹介を受けた子どもを現実的に養育することが可能かを判断する材料となる。時には、紹介された子どもが、里親が希望する子どもとは異なる年齢や性別であるかもしれない。その場合でも、説明を受けることで、「会ってみたい」「やってみたい」と感じるのか、「希望した子どもと違う」と躊躇してしまうのかでは、その後の交流・委託後の養育に大きく影響していくことになる。

　また、里親養育は、「公的養育」であることを丁寧に説明しておく必要がある。なぜなら、子どものこれまでとこれからの人生が里親家庭で養育されることですべてが消去され、新しく塗り替えられるものではない。これまでもこれからも含めたすべてが子どもの人生であり、それを「里親家庭」という安心安全な場と養育者との生活を通して、少しずつ少しずつ自分の中に落としてなじませていく過程こそが里親養育の強みとなるからである。

2. 交流開始後に気を付けること

　児童養護施設や乳児院での交流を行う場合、里親家庭にとって、子どもの入所施設が協力者、応援団になるように支援を行っていかなければならない。しかし、里親家庭によっては、交流期間が、自分が親になることを認めてもらうための試験期間のように感じることもある。できるかぎりそういった思考に陥らないように、施設の里親支援担当者は配慮しながら交流を進める必要がある。

　また、施設がその子どものために必要と考える里親像と異なる里親家庭が候補としてあがってくることもある。交流中には、①担当保育士が子どもを大切にするあまりに、里親家庭への移行に不安が生じてしまうこと、②里親の養育力・養育技術の取得に対する助言指導に集中してしまうこと、③交流を進める中でも、その里親家庭で子どもが育っていくイメージがつかない、養育方針に対して不安な印象があるなどで交流が進まないことも少なくない。そういった場合には、児童相談所またはフォスタリング機関職員が間に入り、改めて客観的な視点を入れて、課題と強みを整理する必要がある。

　交流に対応している施設職員が、里親家庭と子どもとの関係性や交流状況をみる中で、漠然とした不安や違和感を持つことがある。そのような不安や違和感は、感情論のように見えてしまい、整理して言語化するのが難しいため、他機関との会議の場でも伝わりにくい。しかし、かかわる専門職の「感覚」は、とても重要な指標にもなる。フォスタリング機関職員は、そういった「感覚」の整理を積極的に行い、具体的に課題を整理し、強みとともにどのように対応していくことがいいか、改善するとしたら、どういったことに取り組んでもらえばいいかなどの検討を行う。

Episode

乳児院入所中の1歳6か月女児。40代後半の養子縁組里親。交流を開始して半年程経過。

　里親支援機関として関わる里親家庭の交流について、立て直しが必要との依頼が児童相談所担当者よりありました。施設としては、この里親さんに活発な子どもの養育は難しいのではないかと考えているとのことでした。一方、交流がなかなか進まない現状に里親さんにもいら立ちが見えるようになりました。里親さんとしては、特段の説明もなく施設内交流がただただ続けられ、いつも担当の養育者が近くにいることで、担当者から子どもが離れられず、自分たちとの関係がつくれないと感じていました。

こういった場合、支援機関がまず行う方法の1つに強みと課題の整理があります。

・施設側から見た里親家庭の強みと課題

・施設側から見た子どものニーズ

・子ども自身の日常生活時、交流時および交流前後の様子

・子どもの強みと、生活場面での配慮等

・里親さん自身の想いと、里親さんが考える自分自身の強み

・里親さんが必要としている乳児院からの支援内容

　交流場面で、担当養育者や里親さんの関係がうまくいっていないことを子どもは敏感に察知し、安定的な交流をより難しくさせていました。

　関係機関でカンファレンスを行い、里親支援事業担当者として交流場面に入ることになりました。また、乳児院としては、①養育方法についてより里親家庭に合わせた工夫、②里親家庭の理解度等アセスメント、③子どもが安心して交流に入れるような生活場面でのサポート、などに取り組まれました。

　里親家庭には、里親支援機関事業担当者が交流前後に面接を行い、交流時に気になったことや困ったことなどの整理を行いました。100スケールを使って、「0」は「今、家で子どもを見ることがまだ全く無理」、「100」は、「今すぐでも、家で子どもの養育が可能」とした時に、今どれくらいか？5ポイント上げるとしたら何に取り組めるといいかなどの質問も行いました。里父母それぞれに行うとそのずれや意見の相違を見ることが可能であり、乳児院、里親支援機関事業担当者、児童相談所担当者それぞれも行うことでの全体の認識の共有も行うことが可能となりました。

　その後、数か月で、このご家族のところへ子どもは委託となりました。里親さんとしては交流中の施設へのわだかまりを消すことができず、困った時に相談する相手として考えられずにいます。

　子どもの出身施設は、その後のライフストーリーワークなど取り組む際にも、子どもの成長を知っている存在としても、里親養育の際の重要な戦力となり得ます。相対するのではなく、子どもを見失わず、中心に置きながら互いに取り組むことを忘れてはならないと思います。また、だからこそ、里親支援にかかわる機関がチームとして連携し役割分担を行う意義があるのだと思います。

1）里親家庭が確認しておくこと

①子どもとの交流を通して、その子どもの成長発達とニーズに合った養育方法

②子どもがどのように里親委託について説明を受けているか、または、説明を受ける予定かどうか

③子どもが実家族についてどのように説明を受けているか、子どもが質問してきた場合にどのように説明を行うといいか

④実家族が里親委託をどのように理解し、交流等を希望しているか

⑤受託にあたっての受け入れ準備

⑥里親家庭内の受け入れにあたっての理解度

⑦里親自身の受け入れにあたっての想い

2）施設職員が留意すること

①子どもと里親の関係性の把握

②子どもと里親家庭のペースに合わせた交流スケジュールの作成

③子どもに交流および委託になることをどのように説明するかの整理

④担当職員のグリーフケアと養育の移行手順

⑤子どもの私物等の整理とアルバムの作成

3）フォスタリング機関職員が留意すること

①子どもと里親の関係性の把握

②委託後の地域資源の確認

③委託前の里親の意向確認

④委託時の地域関係機関との応援ミーティングの実施

⑤継続的な訪問スケジュールの作成

　里親家庭が、最初から全く問題なく、その候補となる子どもを受け入れられる完璧な状態であることはほとんどない。また、そういう前提で里親家庭を見てしまうと、「子どもの養育が可能なのか？」と不安に感じてしまうことになる。もちろん、包括的なアセスメントのうえでマッチングを行うことで、選定された里親家庭は、候補となる子どもの養育が可能との見立てのうえで交流が開始される。しかし、初めての委託になる里親家庭の中で、「中途養育」や「公的養育」の経験がある里親家庭は多くない。施設で交流することも初めてであるし、子育て経験がない家庭も多い。そのため、里親家庭とフォスタリング機関職員、里親家庭と子どもとの間でそのつど話し合う機会を持ち、調整を行うようにす

る。委託までの流れの中で、交流中に取り組んでおかなくてはいけないこと、委託後に持ち越せるもの、関係機関の支援が必要な課題などの整理を行い、里親家庭と養育チーム内で確認し、共有しておく。

　時には、「本当はまだ受け入れる自信がない」「かわいいと思えない」と感じながらも、「紹介を受けたから」「断ったら次に紹介してもらえないかもしれない」と考えて、交流を進めていることもある。交流中の里親家庭の心の動きにも注視することが求められる。

3. 委託の決定までのプロセス

　交流期間は、数週間から数か月、半年を超えることもある。その期間は、子どもと里親家庭の状況によって変動する。子ども側の理由としては、年齢や発達状況、被虐待経験等の保護理由、里親委託に関する理解度、保育園、幼稚園や学校等入園入学、転校のタイミング、そして里親家庭との信頼関係の構築度などがあげられる。里親側の理由としては、仕事の調整、家庭内の準備、家族や親族との調整、受け入れに対する心身のタイミング等である。

　委託までのプロセスとしては、図1-1のようになる。

```
1. 里親家庭の選定（マッチング）
   ↓
2. 委託の打診と児童説明
   ↓
3. 初回面会
   ↓
4. 施設内での面会交流
   ↓
5. 外出
   ↓
6. 里親宅短期外泊
   ↓
7. 里親宅長期外泊
   ↓
8. 委託決定
```

図1-1　委託までのプロセス

❶ 里親家庭の選定（マッチング）

　先にも述べているが、子どもと実家族の状況、子どものニーズに合わせて、里親家庭を選定することになる。それによって、養子縁組を希望する里親家庭なのか、養育里親、専門里親、親族里親、ファミリーホームのいずれの里親に委託することが望ましいのかも検討される。地域や一時保護所、施設からの子どもの養育状況を踏まえて、どのような里親家庭が望ましいかなどのアセスメントを含めた養育上の具体的な課題に対して受け入れ可能な家庭を選ぶ。

❷ 委託の打診と児童説明

　委託の打診の際に必要な注意点は、里親家庭の受け止め方と理解度である。特に、委託の打診が初めてである場合には、委託打診および児童説明の担当者は、児童の状況、実家族の状況、委託理由をただ読み上げるのではなく、ひとつひとつ、どのように里親に伝わっているか、どうイメージできているかの確認を行いながら進めることが必要である。児童相談所職員およびフォスタリング機関職員など、児童相談所に保護されることになった子どもと家族の状況に慣れてしまっていると、「よくあるケース」「よくある発達状況」といった認識で里親家庭に説明を行ってしまう。しかし、里親家庭にとっては多くの場合そういった家族に出会ったことがない。そのため、実家族から離れることになった子どもの心身の状態や被虐待等の影響など、想像すらできないことも多い。また、子どもの心身の状態や実家族の状況を聞いて深刻に捉えてしまい、二の足を踏むこともある。

　子どもと家族の状況がどうなのか、それを児童相談所担当者はどう見立てているのか、どういったかかわりと支援が必要なのか、そして、委託打診する里親のどの部分を活かして養育してほしいと考え選定したのかを伝えることが必要となる。電話での打診だけでなく、里親およびすべての同居家族に対して、家庭訪問を行って説明を行うことが望ましい。その際に、改めて、里親家庭の家族状況等再把握し、受け入れが可能な状況かをアセスメントしたうえで、初回面会に進む。

❸ 初回面会

　施設に入所中の子どもとの初回面会の際には、子どもの担当の児童福祉司、児童心理司、里親担当の児童福祉司等フォスタリング機関職員、施設の子どもの担当職員、里親支援専門相談員等担当職員、心理職員等と里親家庭が参加する。生活状況等を施設のほうから報告を受け、家族状況等改めて必要なところを児童福祉司や児童心理司から説明を行う。子どもの年齢によっては、里親委託に対する子どもの意向や、現時点での説明内容、理解度を確認する。また、交流中・委託後の里親の呼び名、子どもの通称名の使用有無などを子どものニーズを確認しながら調整する。初回は、子どもが緊張しないように、遠目から生活の様子をみる場合もあれば、ボランティアのようにして遊び場面に入ってもらうこともある。子どもの様子を踏まえて、面会を工夫することが多い。その後、里親にいったん持ち帰ってもらい、新しい情報や会ってみて感じたことなどを踏まえて、交流を開始するかの意思確認を行うことも多い。

❹ 施設内での面会交流

　一時保護所に入所中の場合は、施設内での面会交流回数を少なくして、外出・外泊を短

期間で進める場合もある。施設入所中の場合には、面会交流の回数を数回から十数回以上取ることもある。一番の目的は、子どもが里親を自分に会いに来てくれる特別な存在であることを認識することである。認識するまでそして認識してからの子どもの表出の仕方はさまざまである。乳幼児であれば、面会中ずっと泣いていることもあれば、眠ってしまう子どももいる。緊張して遊ぶこともできない場合も、担当養育者と里親との間、実親と里親との間に挟まるようにして不安を感じてしまうこともある（忠誠葛藤）◆1。**子どもの理解とペースに合わせながら、周囲の養育者や心理職等が連携して気持ちの整理を行うことも必要である。**そして、タイミングをみながら、実親や児童福祉司・担当する養育者から、生活の場が変わること、実親と暮らすのではなく里親家庭で生活することになることを、年齢と理解度に応じて説明を行う。

　その他、子どもの年齢とその子どものニーズに応じた養育ノウハウを里親が一定習得することも目的となる。里親には、子どもの健康および安全管理も求められるため、特に乳幼児の委託の際には、養育技術の獲得を促す。授乳や離乳食、沐浴、予防接種、乳幼児期の発達に合わせた養育方法や安全および健康管理については、施設のそれぞれの担当者から説明を行う。アレルギー等疾患を有している場合には、現時点で摂取している食材、服薬している薬の確認も行い、医療機関受診に同行してもらい、医師からの説明を一緒に聞いてもらうなどして理解を深めてもらう。

❺ 外出

　外出は、「おでかけ」ではなく、「施設の近隣外出」および「自宅外出」を指す。生活の場である施設を出るということは、子どもにとって、自身の身辺の安全を里親に委ねるということである。そのため、最初は、里親と養育者とともに近隣への散歩を一緒に行うこともある。里親と室内での面会に慣れてくれば、子どもと里親のみで面会中に近隣に出かけて30分程度散歩することから始める。その後、食事介助・着替えやおむつ交換、入浴介助、午睡介助などを行ってもらう。子どもにとって、衣食住を共に行い、身辺の養育を任せていくことでより一層関係を深めていくことが可能となる。

　自宅外出では、子どもの導線と動き方を確認して、危険個所がないかを再チェックする機会とする。また、食事など家事の間の子どもとのかかわり方、長時間の自宅での過ごし方を考える機会にもなり、里親家庭内で役割分担を相談しながら養育することのイメージづくりを行ってもらう。

　里親としても、その時間、施設の職員の手を借りずに、里親の責任をもって、子どもが泣いても怒っても「一緒にすごす」ことを通して、自身の心の揺れや覚悟を確認することになる。また、その時間を通して子どもとの関係が深まり、時間を重ねることで里親の

（子どもの）養育に対する自信につながっていく。

　施設職員およびフォスタリング担当職員は、里親が不安になったこと、自信がついたことなどを確認し、そのつどフィードバックを行うようにする。不安については、対応方法を共に検討し、里親家庭で実践可能な方法を見つけていってもらう。また、子どもの心身の揺れと状態把握を行って、その後の外泊等スケジュールを組み立てていく。

❻ 里親宅短期外泊

　多くの場合、1泊2日から開始される。その後、2泊3日、3泊4日と日数を増やすことが多い。短期外泊の回数は、子どもの状況や里親家庭の受け入れ態勢にもよって変動する。ただし、3泊4日以上の泊数を何度も繰り返してしまうと、生活の場の重心がどちらにも置けなくなってしまうため、3泊4日以上の外泊は目的を絞って回数を制限することが望ましい。短期外泊は、長時間一緒に過ごすことでの生活イメージを持つことや、生活の場を移行していくことが目的となる。そのため、わざわざイベント的に外出を企画するのではなく、「里親宅ですごす」経験に重点を置いてもらうようにする。

❼ 里親宅長期外泊

　「長期外泊」とは、多くの場合、里親家庭での生活をスタートさせる、施設には戻ってこない外泊を指す。では、なぜすぐに「委託」としないのか。それは、それまでの外泊では見られなかった子どもの様子や変化が生じる場合があること。里親家庭が子どもとの生活をスタートさせることで、頭では理解していても実際対応しきれなくなってしまうことがあるためである。この間に、いったん、里親がギブアップして外泊を中断してもすぐに交流中止にすることはない。中断理由が何だったのか、それは今後対応可能なものなのかを再アセスメントする必要はある。**無理やり乗り切ろうとせず、施設職員やフォスタリング担当職員、里親が信頼できる人にSOSが出せるかどうかも大きな指標となる。**特に、乳幼児期では、夜泣きや過食、入浴や衣服の着脱の拒否、発熱などの体調不良などとして表出されることもある。こういったことは長期外泊まで予測できないこともあり、その時の様子を踏まえて、次の外泊に向けてどのような対応策があるのか、誰とどのように役割分担すると負担が軽減されるのかの確認を行う。

❽ 委託決定

　数週間から1か月程度の長期外泊後、児童相談所内での協議を経て、委託決定となる。「措置決定通知書」等の発行を受け、住民票の異動、児童手当の手続きなどを行う。予防接種や転校手続きなど、子どもの年齢に応じて必要な手続きがあるため、施設職員やフォ

スタリング担当職員の指示やサポートのもと手続きを行う。特に、特別養子縁組の申し立てを予定している場合には、申し立て時期や提出書類の確認、家庭裁判所および児童相談所との連絡方法やタイミングについて確認を行っておく。

　施設からは、子どもの通帳やアルバム等受け取り、保管管理をすることになる。子どもの持ち物は、「成長していらなくなった」として捨てるのではなく、子ども自身が判断できる時期までは、「預かるもの」として保管管理を行う。特にアルバムなどは、子どもがいつでも手に取って見ることができる場所に置いておくことが望ましい。

4. 里親家庭での委託までの準備

❶ ライフスタイルの見直し

　子どもとの生活を想定して、それまでの里親家庭のライフスタイルの見直しを行う。子どもの年齢によっては、今までできていた外食や趣味、旅行についてもしばらくは行えないこともある。特に、仕事については検討が必要になる。長期外泊中は、保育園や地域の子育て支援サービスが利用できないこともあるため、その期間中、誰がお休みをとるのか、主たる養育者となる里親は、大きく生活が変わることを想定する必要がある。家族内や職場にも理解が必要なため、交流開始時より十分に説明を行い、委託後の必要な手続きについても確認をとっておく。

　また、メンタルヘルスについても再確認を行う。子どもとの生活によって、今まで通りのストレス解消法が適用できない場合もある。どういった時にストレスを感じてしまうのか、今までストレスを感じた時にどういった解消法を使っていたのかなどを振り返り、①子どもとの生活の中で可能なストレス解消法は何か、②ストレスを感じた時に助けてくれる、相談に乗ってくれる人は誰か、③ストレスを感じている時にそれに気づいてくれる人はいるか、④ストレスを回避するためにどういった工夫がありそうかなどを家族内およびフォスタリング担当職員と確認し、共有しておく。

❷ 里親家庭内および周辺のリスクアセスメント

　家庭内のリスクアセスメントを行う。大人だけの生活では気づかなかった危険個所もあるため、チェックリストなどを利用して再確認しておく（図1-2）。

　特に乳児院での生活が長い子どもの場合、リビングにあるソファ、ダイニングテーブル

□子どもの手の届くところに、触ってほしくないものを置いていないか
（パソコン、リモコン、ストーブや扇風機、加湿器、薬、化粧品、洗剤、電池、酒類、タバコや
ライター等）
□階段、椅子、ソファ、机、窓・ベランダ脇の踏み台になるようなものなど転落防止の確認
□キッチン、浴室への対策
□金銭・重要書類等の保管管理場所の確認
□防災備品および避難場所、災害時の対応の確認
□近隣周辺の防犯マップ等の確認

図1-2　里親家庭内のリスクアセスメント

と椅子、ストーブ、冷蔵庫含むキッチン周辺や電子機器など、今まで見なかったものや、手に届かなかったものが多く、好奇心から触れたり登ったりするため、より一層の注意が必要である。

　また、長期外泊前には、近隣でよくやり取りをする家庭やマンションの管理事務所などには、子どもが同居することを事前に説明し、挨拶をしておくと、不用な詮索を回避することができ、協力を得ることもできる。

❸ 関係機関、関連施設と担当者の確認

　長期外泊以降の支援体制の確認を行う。地域によっては委託前に、養育チームのメンバーとなる関係機関職員と里親家庭が集まり、「応援ミーティング」「委託前カンファレンス」といった会議、ミーティングを行って、委託後の支援体制の確認を行う場合もある。その際に、あらためて関係機関の役割の確認や連絡先、担当者の確認を行う。『チーム養育MAP』など一目で関係機関、担当者連絡先が分かるような一覧表を作成して共有することも1つの方法である。

❹ 里親家庭の構成員全体の心身の状態の確認

　特に主たる養育者となる里親は、慣れない交流を数か月にわたって実施することから来るストレスもあるため、交流から外泊へのタイミングは、無理なく準備をしてもらいながら進めていく。里親だけでなく、里親家庭の構成員全員の心身の状況確認が必要である。実子や先に委託されている子どもがいる場合には、その子どもたちにも里親または職員から十分に説明を行い、想いの把握、意思確認をしなければならない。同居家族だけでなく、家庭内で飼育されている動物についても、状態確認が必要となる。犬や猫が、子どもが家庭内に来ることでストレスを感じての体調不良や食欲不振、脱毛になることも少なくない。以前より飼育されている動物は、その家庭にとって家族であり、その家族の体調不良等を

目の当たりにして、受託に躊躇される場合も多い。また、外泊を通して、子どもに動物に対するアレルギーが生じた場合に、飼育されている動物と子どもとの関係をどのようにしていくのかを考えなければならなくなる。子どもが家族に入ることでの家族内のバランスも変動するため、「子どもが来たせいで」というマイナスの印象にならないように配慮しながら、どういった方法があるのか、改善策等を先に検討しておく必要がある。

5. 子どもが家庭で生活するということ

❶「家庭」で生活するということ

　子どもの中には、生まれて一度も自身の家庭で生活を経験していない場合もある。また、実家族との生活において、不適切な養育や虐待など不安定な生活下で養育され、安心安全で安定的な養育者と生活場所での養育経験がない子どももいる。

　里親家庭で生活するということは、この「安心安全で安定的な変わらない養育者と生活場所」である「家庭」での養育と子どもの成長を保証するということである。

❷ 分離・喪失体験への理解と支援

　どういった理由であっても、里親家庭に来る子どもは実家庭との分離を経験している。それは、子どもの年齢や発達状況にかかわらず喪失体験となっており、次の養育の場に適応する際にも少なからず影響してくる。「子どもの分離・喪失体験」については、第2章において、詳しく触れる。

　里親家庭は、そういった分離・喪失体験を経験した子どもへの対応方法を念頭におきながら、個々の状態に合わせて養育を行う。喪失体験に対する子どもの表出の仕方は、年齢によっても、同じ経験をしているきょうだいであっても異なるため、「乳幼児だから記憶にないはず」「話をしてこないから」「悲しい経験だから触れられない」と、里親のみで判断せずに、数年単位で様子を見ていくようにする。子どもの心身の状態によっては、里親家庭内だけでは対応が難しい場合もあり、十分に子ども担当の児童福祉司および児童心理司とも対応を相談して、医療機関受診や、児童心理司のカウンセリングなども検討すること。

❸ 子どもの成長をつなぐ支援

　里親家庭での養育に求められるものには、「子どもの成長をつなぐ」という点もあげられる。実家族から里親家庭へ、実家族から施設職員、そして里親家庭へと子どもの成長をつなぐ場合もある。いずれにしろ、養育を切れ切れにせず、できるかぎり特定の養育者とその養育方法をベースに子どもが成長していくことが望ましい。

　また、怒ったり喧嘩したり、笑い合い、悲しみを癒し合うという経験を、「里親家庭」での「家族」という安心安全な場で繰り返し経験し、さまざまな感情を受け入れ、表出する体験を重ねていく。委託間もない子どもの様子として、「痛みに鈍感」「痛い、悲しい、悔しいが出せない」「叱られると石のように固まってしまう」「一度パニックになると自分自身では抑えられない」というエピソードも多い。感情の適切な表出が困難、苦手な子どもに対して、生活を通して根気強く、「自分らしくいられる場所」「安心安全な基地」を提供することが望まれる。

　そして、養育里親・専門里親、ファミリーホームの場合、里親家庭を委託解除となる時の準備も並行して行っておく。例えば、子どもの持ち物（委託の際に持ってきた私物、母子手帳、金銭の管理、アルバム）の保管管理。ライフストーリーワークと実家族についての理解と受け止め、進路選択などである。里親家庭で生活する子どもにとって、「自立」とは、一般的な自立以上に、「安心安全な場所と養育者との別れ」につながる。一部の里親家庭では、就労するまでの間、里親家庭で継続して同居生活を送る、近隣に居住し里親家庭からの支援を受ける、養子縁組をするなどもあるが、いずれにしても「里親子でなくなること」「実家族の存在を再認識する時期」に変わりはない。中高生の時期に、集中してそういった準備と整理を行うのではなく、委託になった時から、少しずつ始めておくことで、子どもだけでなく里親自身の精神的な負担の軽減にもつながる。

　ただし、「少しずつ始める」ということが、「自立＝巣立ち」を意味するものにはせず、子どもの気持ちの揺れに寄り添い、自分自身でひとつひとつ選択していく過程を応援する過程としたい。チャレンジして失敗しても、大きく感情を揺らしても、誰かが側で支えてくれる経験を重ねることが大切である。いつか里親家庭を離れる時にも、時には誰かを頼る強さと、揺らがない里親家庭や周囲の応援者との信頼関係を礎にして踏ん張れる力を育てていくことが必要となる。

6. 委託直後の里親と子どもへのサポート

❶ 委託後の子どもと里親

　長期外泊以降、委託間もなくの時期は、子どもと里親家庭のお互いのペース合わせの時期ともいえる。「委託」という生活の場の変更は、年齢と発達状況によって受け止めも安定していく過程も異なる。

▶▶▶**実践上のヒント**　：委託後に起こりうる課題と対処

○子どもにとって
- ・生活の場の移動が、自分が悪かったせいではないかという不安
- ・安心安全と感じれば感じるほど、また失うのではないかという不安
- ・養育者の変更に伴う養育方法の変化への適応時期
- ・あいまいな喪失への適応とグリーフケア
- ・変わらない養育者とのアタッチメント形成と安心で安全な基地の移行過程

○里親にとって
- ・養育を試されていると感じることへの対処
- ・子どもとの生活のペース合わせ
- ・近隣および職場等地域社会との新しい関係の構築
- ・親であることの自信と責任
- ・「中途養育」「血縁でないこと」への不安
- ・実子や親族、飼育されている動物の心身の変化の把握と対応
- ・子どもの成長ごとに必要な真実告知への対応の不安
- ・守秘義務と情報共有

　委託間もなくの子どもの混乱を、里親家庭として、①里親を試している行動、②発達の課題、③性格、④虐待経験や施設経験に起因する行動、のいずれなのかと考えてしまうこともある。どれも要因として含まれている場合もあれば、それだけが要因ではない場合もある。特に委託間もなくの時期は、お互いのペース合わせの時期であり、また、分離・喪失体験を経ての混乱時期でもある。ひとつひとつの行動に注視するのではなく、月単位で子どもの変化を追いながら、適応過程を受け止めていくことが里親家庭に求められる。

❷ 支援のヒント

　委託間もなくの子どもとの関係は、養育力を問われているように感じることもあれば、里親自身の親との関係の振り返りをさせられる機会になることもある。交流中にはそれほど必要がなかった、注意や制止、しつけを行わざるを得なくなることでの新たな子どもとの向き合い方を考えさせられることにもなる。そういった過程が、親としての自信を消失させ、子どもへの怒りに転じることもあることを、フォスタリング機関職員含め、関係職員は念頭に置いてかかわらなければならない。

　委託後の養育を見て、「あのような対応をする里親さんとは思わなかった」「こんなに、関係機関に怒りを出す人ではなかった」と感じることもある。それは、通常のその人ではなく、子どもの喪失に対する混乱に巻き込まれて、里親自身の喪失体験に触れることでの混乱であったり、代理受傷のような体験をしていることも考えられる。この時期は特に、里親の心身の状態把握と家族内のバランスの変化についてそのつどアセスメントを行いながら、最初の数か月を共に乗り越えられるように支援を組み立てることが重要となる。

▶▶▶**実践上のヒント**：支援の方略とアセスメント

- ・定期的な訪問の実施
- ・里親の心身の状態把握
- ・必要な子育て支援のメニューの準備
- ・家族全体の状態把握とアセスメント
- ・助言・指導ではない「その家庭の養育の強みの発見と整理」
- ・緊急連絡先の確認と、里親の支援体制の把握
- ・躊躇なくSOSが出せるような関係性の構築

Episode

　「こんなはずじゃなかった」そうつぶやかれたことがありました。

　「どうしてあげればいいのか分からなくなった」「かわいいと思えなくなっていく自分が怖いし、悲しい」と話される方もいます。

　かかわりの難しい子どもとの生活を何とか1日1日過ごしている中、たった1つのエピソードで、今までの生活すべてが否定されたように感じた里親さんもいます。

　「誰も助けてくれなかった」「里親としての声をちゃんと聴こうとしてもらえなかった」

　養育途中で子どもとの別れをした里親さんが話されました。

「大変だったけれど、あなたが一番私たちの生活を見ていてくれた人だった」「委託のころからの様子を知っているのは、もうあなたしかいない」

苦労も喜びも知ってくれている人の存在は、里親さんの支えになります。それが、里親支援専任職員でなくても、児童相談所福祉司や施設の職員でも、里親さんの友人でもかまわないのだと思います。

そういう存在が、その里親さんに1人でも多くいるかどうかを把握していますか。

里親家庭で生活するすべての人、子どもの声を1つでも聴き取り、何ができるのか一緒に考えることがかかわる職員の役割だと思います。一方、里親支援にかかわる職員は、里親家庭から離れた子どものその後の声を耳にする機会があまりありません。それでも、いつか、子どもが、自分の今までを振り返る時、「なぜ、自分は里親家庭に行くことになったのか」「なぜ、いられなくなったのか」「あの時、何が起こって、誰が自分の生活の場を決めたのか」といった質問にちゃんと答えられる準備をしておかなければならないと思います。

里親委託は、里親さんの人生にも、子どもの今までとこれからにも大きく影響し、時には影を落としかねないほどの決断と営みであることを、かかわる職員は忘れてはいけないのではないでしょうか。

（長田淳子）

▶注
1 「忠誠葛藤」については、第2章「忠誠葛藤への支援」33～34頁にて詳細を説明。

▶参考・引用文献
ポーリン・ボス著、中島聡美、石井千賀子監訳（2015）『あいまいな喪失とトラウマからの回復』誠信書房
二葉・子どもと里親サポートステーション（2018）「子どもと里親のためのサポートハンドブック1・2」
伊藤嘉余子編著（2017）『社会的養護の子どもと措置変更』明石書店
厚生労働省（2011・2017一部改正）「里親委託ガイドラインについて」
黒川雅代子、石井千賀子、中島聡美、瀬藤乃理子編著（2019）『あいまいな喪失と家族のレジリエンス』誠信書房
全国里親委託等推進委員会（2015）「里親ファミリーホーム養育指針ハンドブック」

個人情報の開示について

　里親にとっては、養子となったお子さんが、生みの親の名前や住所を知りたいと考えた時に子どもが自分で知ることはできるのか、養子縁組に至った背景にどういう事実があったのかを知りたいと思った際に知ることはできるのかということが気になることもあると思います。子どもが成長していく中で、出自についてもっと知りたいと思うこともあるでしょう。生みの親はどんな人なのか、どこに住んでいるのかを知りたいと考えた時に、子どもが独自にこれを知ることはできるのでしょうか。

戸籍や住民票について

　養子となった子どもは、自分がもともと登録されていた戸籍謄本を請求することができます。ですから、養子縁組がなされる前の自分の名字（氏）や実親の氏名を知ることは可能です。他方で、生みの親の戸籍の付票や住民票をとりよせて、住所を知ることは、困難です（なお、これらの点に関しては、法制審議会特別養子制度部会第7回会議（平成30年11月27日開催）において事務局から提出された「参考資料2　特別養子縁組に関する戸籍等の取扱いについて」http://www.moj.go.jp/content/001276021.pdf 参照）。

家庭裁判所の記録

　特別養子縁組が認められた際に家庭裁判所から養親に送られてきた審判書には、実親の氏名や当時の住所のほか、特別養子縁組に至った経緯も一定記載がされているでしょう。この審判書のほか、当時、家庭裁判所が審理を行うにあたって、生みの親や養親の状況を調査した記録もあります。

　では、子どもが独自にこれらの記録を見ることはできるのでしょうか。

　これらの記録は、子ども自身の利益を害するおそれがあると考えられる部分を除けば開示がなされる可能性があります。ただし、審判書の保存期間は30年、それ以外の事件記録の保存期間は5年となっていますので、子どもが見たいと思った時には、記録そのものが廃棄されてしまっている可能性もあります（事件記録等保存規程）。

児童相談所や民間あっせん機関の記録

　児童相談所や民間あっせん機関には、特別養子縁組の手続きを行った時点での、生みの親や子ども自身、養親の状況が詳しく記録があるはずです。子どもは、これらの記録を見ることはできるでしょうか。児童相談所が作成・保管している記録は、養子縁組が成立したものに関しては、永年保存することとされています（児童相談所運営指針）。そして、この記録の開示を受けることができるかどうかは、児童相談所を設置している地方自治体の個人情報保護条例に基づいて判断されることとなります。

　民間あっせん機関が作成・保管している記録に関しては、「出自を知る権利を担保するため、養子となった者が、将来、自らが養子となった経緯等について知ることができるよう、民間あっせん機関は、法第十八条に規定する帳簿を永年で保管しなければならない」（民間あっせん機関が適切に養子縁組のあっせんに係る業務を行うための指針）とされています。そして、この記録の開示の可否は、個人情報の保護に関する法律に基づいて判断されることとなります。

　養子となった経緯は、子ども自身の情報ですが、生みの親の情報、つまり本人以外の情報でもあります。そのため、情報の開示を受けるためには、開示について生みの親の承諾が必要となるのではないかとの問題や開示を求めている情報の内容によっては子ども本人に開示することが適切ではないとして開示されないこともあり得ます。

　子どもが独自に情報にアクセスできるのかについては、以上に述べたとおりです。

　養子縁組の場合、「育ての親」であるという「事実」を子どもにいつ、どのように伝えるかが大きな悩みとなる場合が多いことは事実です。養親のもとには、家庭裁判所から送付された特別養子縁組を許可する旨の審判書や、また児童相談所や民間あっせん機関を通じて、子どもの出自や養子縁組に至った経過に関する情報があると思います。

　子どもにとって、自分の出自を知ることは大切な権利であり、養親自らが自分の言葉で愛情を持って子どもに伝えることが非常に重要であると考えられています。　　（岩佐嘉彦）

第 2 章

里親家庭における里親と子どもの適応過程とその支援

Key Word

喪失／忠誠葛藤／家庭養育／里親支援／未処理の悲嘆

1. 子どもの分離、喪失体験

❶ 子どもの分離、喪失

　子どもにとって里親家庭への移動は、新しい環境への変化を余儀なくされる喪失の体験でもある。たとえ、以前は不適切な養育環境であったとしても、慣れ親しんでいた人や環境からの移動は子どもに強い不安を喚起する。それまで自分が頼りにしてきた親や家族との別れ、また地域が移動する場合には、学校や友達、住み慣れた居場所など、子どもが安心を感じる人や場所のすべてに関しての喪失体験になる。里親家庭での新しい生活は、単に住む場所が変わるだけでなく、子どものアイデンティティの喪失にもつながる可能性がある。

① 新しい環境への移動

　以前の環境で、子どもがどのような別れを経験したかは、その後の里親家庭での適応に影響を与える要因となる。移動の際に、大人が別れの痛みや悲しみに向き合えず、しっかりとさよならを言う機会がなかったり、突然の移動だった場合には、子どもは失ったものへの葛藤に苦しむことが多い。また、それまで子どもが病気の親の世話や、家庭内で起こる暴力の仲裁、幼いきょうだいやペットの世話などをしていた場合、自分が移動したあとに強い不安や罪悪感を1人で抱えこんでしまうこともある。

　子どもの内的世界における空想や想像は現実以上に厳しいため、子どもは大人が思いもよらない内容で、移動の理由を理解していることもある。特に幼い子どもに見られる自己中心性といった認知特性では、すべての物事が自分に関連していると考える特徴から「自分が悪い子で、罰を受けるために里親家庭に連れてこられた」とすべての原因を自分に帰属してしまうこともめずらしくない。親と離れたのは、自分が悪かったからだと思っている場合には、子どもは恥や苦痛を感じるため、そうした苦しい思いを周りの大人に話すことはほとんどない。そして、自分さえいい子にしていれば状況が変わるはずだと自分を責め続けてしまう。そうした子どもの否定的な自己認知は、その後の子どもの発達や里親との関係において、さまざまな影響を与える可能性がある。

> **Episode**
> 　*児童相談所の人の車に乗って、移動したことを覚えています。すごく遠くまで行って、お母さん、私がどこにいるのか分かるのかな？ 迎えに来られるのかな？ と心配でした。*

里親の家にはじめて行った時は、いい子にしていないといけないと思っていたので、ご飯もお代わりしちゃいけないし、トイレに行きたいとかもあんまり言わないほうがいいと思っていて、よくお漏らしをしてしまいました。

▶▶▶実践上のヒント

　周囲の大人は、委託直後の子どもの状態を十分に観察し、里親家庭にきた理由を子どもがどのように考えているのかを理解したうえで、それぞれの子どもの発達に合わせた方法で説明すること、また里親家庭に委託されたのは決して子どもの責任ではないことを繰り返し伝える必要がある。

　住む場所が変わったことで、実親家族やそれまで暮らしていた仲間や職員との関係が消えてしまったり、彼らから完全に忘れられてしまうことはないと伝えることも効果的である。子どもが持参した実親や乳児院の写真を一緒に見ながら、子どもの思いを聞いたり、状況が許せば電話や訪問を計画してみるのもよいだろう。また里親が積極的に、以前に一緒に暮らしていた子どもを思い出すことや、今も大切に思っていること、時々会ったりもすることなどについて子どもに伝えるのもよいだろう。

② 喪失のサイン

　とはいえ、里親家庭に来た直後は、新しい環境に慣れるまで子どもの緊張感が強く、今いる場所が本当に安全なのか確かめられるまでは、そうした喪失のサインはなかなか見られないことも多い。初期の混乱が過ぎ、新しい環境に慣れはじめた頃に、子どもは、ようやくそうした喪失感や、別れに関する悲しみや怒りを表出できるようになることも多い。子どもが環境に適応し、これから関係を深めようという頃に、子どもの行動上の問題やひきこもり、強い喪失の感情が出てくることで、里親がショックを受ける場合もある。子どもの分離、喪失への反応については、事前に里親に対し十分な情報提供がなされるべきであろう。

❷ 忠誠葛藤

　また里親家庭で暮らす子どもたちは、今、養育してくれている里親と、実親との間に強い愛情と不安が相反する忠誠葛藤に苦しむことがある。中には実親に対する罪悪感から、子どもが里親とは家族としての絆や親密な関係を持たないようにしてしまう場合もある。実親との交流、または外泊などで子どもが両方の家庭にまたがって生活をする場合には、

こうした忠誠葛藤に関する潜在的なプレッシャーはさらに大きくなりやすい。

① 理想の親

　実親への記憶がない子どもも年齢が高くなるにつれて、自分なりの理想の実親像を思い描くようになることも多い。そうした際には、現実に機能する里親と想像上の実親との間で複雑な葛藤が生じやすくなる。特に長期の施設養育から、はじめて里親家庭に移動した場合には、子どもの抱く理想化された家庭や親のイメージと現実の里親家庭の違いから、子どもが里親との生活へ不満を感じる場合もある。結果的に、里親が実親へのライバル心やネガティブな感情を喚起されてしまうこともめずらしくない。

② 忠誠葛藤への支援

　実親に関する情報を子どもにどう伝えるかは、子どもの年齢やそれぞれの事情に合わせて慎重に検討するべきであるが、まずは子どもが抱く実親や里親への感情をありのままに表現できることが大切である。里親の前で、安心して不安を言語化でき、またそれを里親に受け止めてもらえるという体験を通して、子どもは徐々に現実を理解し、受け入れることができるようになっていく。

　とはいえ、常に理想の実親と比較され続けることは里親にとって非常に苦しい時間でもある。時には里親が支援者の前で、実親についての複雑な思いを吐露する場面もある。しかし、子ども同様、里親も自分の苦しい思いを自由に表現できる場所があってはじめて、子どものさまざまな感情を受け止めることができるようになることを支援者は理解しておく必要がある。

❸ 委託初期の子どもへの支援

　里親は住み慣れた自分たちの家庭を提供しているために、当初子どもが里親家庭の生活の何に不安を感じて、何に戸惑っているのか、なかなか気づけない場合もある。委託直後は特に子どもの状態を観察し、子どもの立場から自分たちの里親家庭を客観的に捉え直す視点が求められる。

　委託当初、里親家庭の新しい環境は、子どもにとって予想がつかず、不安を感じる状況にやすい。そのため、委託直後は、できるだけ生活に規則性や一貫性を持たせ、子どもに分かりやすい環境を整えるよう心がけるべきである。委託直後、里親がよかれと思って子どもを遊園地やテーマパークなどに連れて行ったが、子どもはベビーカーのなかで凍りついたまま全く楽しめていなかったというエピソードはよく聞かれるものである。こうした非日常を楽しめるのは、子どもの日常が安定していることが前提である。はじめは里親家

庭自体が子どもにとって不安の多い非日常の環境であることを意識して、できるだけ予測可能な環境をつくり、子どもに安心感を与えることが何よりも優先となる。

❹ 子どもの発達に合わせた里親家庭でのサポート

　言語を話す前の乳児は、養育者の存在を匂いや声のトーン、抱かれた時の感覚などの五感を通して理解している。しかし、里親委託などの環境変化では、今までと違う新しい刺激に大量にふれることになる。乳児がそうした刺激に圧倒されてしまうと、刺激に無反応になったり、いつまでも大人しく眠り続けるといった反応を示しやすい。そのため、乳児においては、委託当初、視覚、聴覚、触覚、味覚などの感覚情報における匂い、味、音などに十分配慮することが必要である。具体的には、ベッドの違いや布団の厚さ、光の加減、食事の時間や子どもの動き回る音、ペットの泣き声などに驚いていたりする。できれば以前に慣れ親しんでいた状況が再現できるよう、匂いの残る衣類や人形、以前に飲んでいた粉ミルク、洗剤の種類、食事の方法などを継続することも、新しい環境での乳児の不安を減らし、安心を感じてもらうのに効果的である。

　年齢の高い子どもの委託当初の支援では、「自分の家のように自由にしていい」といった曖昧な情報は、かえって困惑してしまうことが多い。具体的に、食事は何時から、洗濯物はここ、飲み物はここといった里親家庭での過ごし方についての情報提供があるほうが、彼らにとって里親家庭での生活のルールを明確に理解しやすい。里親家庭でどのようなことに気をつければいいのかの見通しが持てることで、子どもは新しい環境でも不安を感じずに安心して行動できるようになる。

▶▶▶実践上のヒント

　すでにできあがった家庭の中に、子どもがたった1人で入っていくことは、想像以上に強い緊張感や不安を伴う出来事となる。初期は「本当に自分がここにいてもいいのだろうか？」という思いが強いため、里親から積極的に子どもが来ることを待っていたという物理的、心理的なメッセージを伝えることが重要である。

2. 委託直後の里親養育の支援

❶ 委託直後の里親支援の重要性

　里親は24時間休みなく自分の生活空間を提供する養育となるため、施設などと違い問題を共有する人物が少なく、専門家による助言も気軽に受けることができない。そのため、子どもの基本的な養育や発達において不安を感じると、なかなか他の視点を持ったり、切り替えるチャンスがなく毎日の生活の中で自己不全感が高まりやすい。

　里親も、子どもとの生活が始まった最初の数週間は、劇的に変化する生活に心身ともにエネルギーをとられることで、一時的に強い疲労感、育児不安や抑うつ状態に陥ることが知られている。実際に口に出して相談することができないが、この時期には子どもをかわいいと思えないことに苦しんでいる里親も多い。一時的に里親になったことへの後悔や不安が高まるが、一方でこうした感情は時間とともに変化しやすいため、支援者は特に最初の数か月は里親の心理的負担に十分注意を払うべきである。

① 里親としての自己の揺らぎ

　委託までに十分な子どもとの交流があったとしても、実際の生活が始まってから、お互いに分かることや、明らかになる問題も多い。実子養育の経験のある里親も、里親養育では今まで有効だった子育て方法が機能しなかったり、以前に経験したことのない子どもの行動に対し、親としての成功体験や、子どもとの親密な関係を得られないことに自信を失ってしまう場合もある。また、はじめての子育てとなる里親は、子どもとの生活への期待と不安から強いプレッシャーを抱え、親になることへの難しさにも直面しやすい。思い描いていた養育ができないことで里親が「こんなはずではなかった」という強い自責感や挫折感を持ったり、パートナーとの関係の質やバランスにも大きな変化が生じやすくなる。里親になる以前には体験したことのない心理的葛藤を頻繁に感じるようになる里親も少なくない。こうした点から、支援者は、子どもだけでなく里親の状況も適切に理解し、サポートを行うことが重要になる。

❷ 委託直後に見られる子どもの特徴的な行動

　幼い子どもの里親養育では、子どもの行動面、情緒面で里子に特徴的な行動が見られることがある。こうした行動は試し行動と呼ばれる場合もあるが、里親を試しているというよりも、はじめて自分だけを見てくれる存在に出会ったことで、子どもがそれまで出せな

かったさまざまなニーズを勢いよく表現してしまったことから生じる状態と捉えたほうがよい場合もある。しかしながら、次々に起こるさまざまな子どもの行動に里親が困惑し、その行動の意味が理解できない状況は、養育困難感を抱えるきっかけとなってしまうので注意が必要である。そのため支援者は、それぞれの里親家庭に合わせたきめ細やかなサポートと、こうした問題に取り組むための適切な知識を提供することが必須になる。

　ここでは里親委託直後に報告されることが多い行動の一部について検討する。

① 食事

　乳幼児の養育では、特に身体発達の点などから、里親は食事を与えることに強い責任やプレッシャーを感じやすい。食事は、一般の乳幼児の子育てにおいても大きな悩みになりやすいトピックであり、特に大人と子どものパワーゲームの材料になりやすい。

　里親養育で頻繁に問題にされる食行動の1つは過食である。乳幼児が毎日大量の食事を摂取するわりに、体重の増加が少ないため、多くの里親が食べた物がそのまますぐに排泄されてしまい、十分に体に残っていかない、底がないという表現で子どもの過食を語る。また、以前に適切な食事の機会がなかったことから、咀嚼に問題を抱えていたり、一定の味覚や触覚のものしか受けつけないなど基本的な食事をさせるだけでも大変なこともめずらしくない。こうした子どもの食行動は時に適切な制限をする必要もあるが、それぞれの子どもの状態や里親との関係を理解してからでなければ、単に行動の制限を行ったとしてもむしろ逆効果になることもある。

　食べ物に対する強い執着は、生存に関わる本能的なものであり、子どもの中には食事によって得られる満足感や安心感のみが、唯一自らを落ちつかせる行動として機能している場合もある。こうした過食は里親家庭での生活が安定し、子どもが安心感を食事以外の形で得られるようになるにつれて減少してくるが、当初はある一定期間続くことが多い。それぞれの時点で、子どもに必要とされるニーズを見極める必要がある。

② 退行

　子どもがすでに身につけていた身辺自立などの行動が一時的に消失し、食事や着替えも里親の手を借りなくてはできなくなり、まるで発達年齢が後退したように見える。今までおとなしく手のかからなかった状態から、だんだんと、かんしゃくや泣きが増えることや要求が強くなるという形で現れたり、里親の元を全く離れないなどの行動で顕在化してくる。こうした一時的な退行は小学生などの年齢の大きな子どもにも見られることが知られている。里親に哺乳瓶を買ってきてほしいと頼み、赤ん坊の状態を一時的に再現することもある。委託後に見られる子どものさまざまな行動は、本来は子どもの中にあったニーズ

が、条件が整ってはじめて表面にでてきたとも考えられる。そのため、子どもの心理的発達の進展に伴い一時的に行動上の適応が悪くなってくるように見えるが、長期的に見て必要なニーズを取り戻している場合には、里親との基本的な関係の構築の時期であると考えることが必要になる。

　しかし、里親の中には委託後に子どもの生活スキルが失われてしまったことに不安を感じ、しつけが厳しくなってしまうこともあるため、支援者はこうした里親の不安を受け止め、それぞれの子どもの状態にあった具体的な支援方法の提示やサポートを行うべきである。家の中ではすべてを里親に手伝ってもらうことがあっても、幼稚園などの他の場所では頑張ることができている場合などは、家庭の中でみられる行動を子どもが納得するまで里親に受け止めてもらうことで自然と消えていくことが多い。状況によってはすべてを受け止めることはできないこともあるが、里親は子どもの行動がどのような気持ちから起こっているのかという視点を常に持ちながら、子どもの行動の変化の推移を見守ることが重要である。

▶▶▶実践上のヒント

　里親養育に関しては、子どもの実際の暦年齢にこだわらず、それまでの経験や生育歴による情緒発達の段階にあわせた養育を提供することが大切になる。とはいえ、幼い子どもの委託では、基本的な生活習慣を身につけさせることへのプレッシャーが里親側にかかりやすいのも事実である。しかし、まずは子どもと里親との関係の構築に時間を割くことが、結果的にその後の子どもの成長や変化につながりやすいことをしっかりと理解することが不可欠である。

③ 無差別なアタッチメント行動

　アタッチメントの問題のある子どもの中には、見ず知らずの大人に対して無差別なアタッチメント行動を示すことがよく見られる。里親との外出中に知らない大人に恐怖心を示すことなく、ついていってしまったり、知らない人の膝に座ったり、すぐに抱っこされたりする。里親としては、自分が親として認識されていないと感じたり、子どもが知らない人にでもすぐに親密な態度を取ることに不安や憤りを感じやすい。

　しかし、こうした行動の背景には、子どもが特定の養育者から一貫性のある、継続したケアを受けられなかった過去や、変化の多い環境に適応しなければならなかった子どもの生育歴がある。そのため、まずは子どもに自分が里親家族に属しているという感覚を形成してもらうことが目標となる。例えば、子どもが知らない人や、友達の親の隣などに座っ

た時などは「○○ちゃんは、里親さんのお家の子だから里親さんの隣に座ろうね」といった声かけを周囲の協力を得ながら一貫して行う。また知らない人には、子どもが嫌がっていなくても気軽に抱かせないなどの行動を意識することも重要である。

❸ 不確かさを受け止める

子どもの行動の理解が不明確である場合には、養育における困難の原因を子ども自身の性格や里親の養育スキルといった個人的な資質や能力に帰属しやすくなる。里親が養育への自信を失ったり、子育てでの困難感が継続し続けることで、里親である自分への迷いや後悔、子どもに対する怒りや罪悪感などの感情につながる場合も少なくない。

子どもが里親に慣れるのに時間がかかるのと同様、里親も子どもを理解するのに時間がかかるのは当然であるということを繰り返し伝え、支援者は里親のネガティブな感情の表出を受け止め、支えていくことが不可欠である。関係性の構築の途上では、正解が分からないことや不確かなことが多く、先が見えないことに焦燥感や不安を感じやすい。しかし、こうした不確かさや苛立ちを支援者が里親とともに受けとめ、希望を捨てずに子どもを見守る姿勢が何よりも大切になる。また、初期は子どもも里親も緊張状態が続きやすいため、子育てへの負担を軽減するため、時には短時間の保育の利用など、さまざまな支援を行うことも効果的である。

3. 里親家庭への子どもの適応とその特徴

❶ 里親家庭での養育とは

里親家庭の最大のメリットは、安定し一貫性のある環境の中で、子どもひとりひとりに合わせた柔軟な養育を提供できることにある。しかし、地域で暮らす里親家族での生活は、施設での生活しか体験したことのない子どもや、機能不全な家庭で不適切な養育を受けていた子どもにとっては、単に住む場所の変化だけではなく、大きく異なる価値観や文化に直面する体験となる。

① 施設と里親家庭での生活環境の違い

特に施設での生活は、ボランティアを含めた多くのスタッフ、実親やその他の関係者など、子どもの知らない大人が生活の空間に出入りし、一緒に暮らす子どもも頻繁に入れ替

わる変化の多い環境であることも少なくない。職員も勤務交代があり、子どもは知らない大人や子どもが自分の生活空間を行き来していることに慣れている。こうした環境では、子どもは自然と他者の動きにそれほど注意や関心を払うことがなくなり、受動的になる傾向がある。加えて、子どもたちの生活やその関心は、養育者よりも子ども同士の横のつながりが強くなることが多くなりやすい。

　一方、里親家庭という空間は、家族メンバーにほぼ変化がなく、生活空間の安定性が高い。そして家族のルールやイベントは、その日の状況や家族メンバーひとりひとりの状況によって柔軟に変化していく。さらに家族内では双子でないかぎり、同じ年齢の子どもが一緒に暮らすことはなく、大人を中心とした年齢による縦の関係が中心となる。時には、いとこや親戚などの里親家族以外や、近隣など親密度や関係性のレイヤーが異なる人たちとも交流を持つこともあるが、基本的には自分の属している家族に強いつながりやまとまりがあり、親戚やその他の親しい他者との間には明確な境界線がある。

　こうした家庭と施設との違いを十分に認識していないと、里親家庭にきたばかりの子どもたちが単独で動く様子を見て、協調性がない、自分のことしか考えていない、家族を尊重していないなどの誤った理解で子どもを捉えてしまうこともあるために注意が必要である。

② 家族や家庭の体験

　さらに、子ども自身に明確な家庭生活の体験やイメージがない場合には、家族メンバー間の親密な関係性を理解するのに時間がかかり、常に大人が子どもの近くにいて世話をするという里親家庭の状況を不自然だと感じてしまうこともある。幼い子どもの場合であれば、比較的早く大人に守られた環境を安全で居心地の良いものだと受け入れることができるが、虐待やネグレクトなどを経験していた場合には、家族の親密性に不安を感じたり、里親家庭での規則正しい生活を自分のペースで生活できず息苦しいと感じたりすることもある。

　しかし、安定した里親家庭での生活が続くことで、本来子どもは家庭の中で緊張や不安を感じる必要がないことや、たとえ家族内で意見の違いや衝突が起こっても、お互いを尊重し、暴力的でない方法で解決できることを学ぶことが可能になる。こうした体験は、子どもが将来、自分の家庭を築いていく際のモデルとして重要な機能を持つものとなっていく。

❷ 発達段階による里親家族への認識の変化

① 就学前

　里親家庭で暮らす子どもたちは、その年齢や背景によって一般とは異なる家族観を形成

していることがある。特に就学前の子どもたちは、自分の視点から世界を理解するため、自分の暮らしが普通であると考えていることが多い。その場合、自分が里親家庭で暮らしていることに違和感を持つことはあまりなく、家族の単位は血縁より、自分にとって物理的、情緒的に近い人を家族とみなす傾向がある。幼稚園や保育園などに通うようになり、他の家族を目にするようになってから、自分の家族が他の家族と違うことにだんだんと気づくこともある。

> **Episode**
>
> 　小さい頃は、子どもは、みんな生まれたら乳児院に行って、そこから里親の家に行くのが普通だと思ってました。だって周りがそういう子しかいなかったから。だから幼稚園とかもみんな里親の家から来ていると思っていた。小学校に入る頃かな、他の人はみんな生まれた時から生みの親とずっと暮らしているって分かって本当にびっくりした。自分の生活が普通だと思ってたから。

② 学童期

　学童期になると、子どもの知識や理解も進み、自分は里親家庭で暮らす里子であるということを意識するようになる。中でも名前（苗字）を里親の通称にするのか、実親の姓にするのかといった問題は、子どものアイデンティティに影響を与えやすい。入学と同時に里親姓から実親姓を使用する場合には、名前が常に実親を想起させ、里親と姓が違うことを友達から聞かれたりすることも増えることから、なぜ自分が里親家庭で暮らしているのかということについて考えることも多くなる。加えて、自分のことに関しての決めごとや、ソーシャルワーカーとの定期的な面接などで、自分の周りには里親以外の多くの大人が関わっているという事実にも気づき始める。

　こうした時期は、実親への想いや里親家庭での暮らしについて、子どもが抱く疑問や葛藤などを、家庭内で自由に表現できるようにサポートし、彼らの気持ちに寄り添うことが非常に重要となる。時には「里親家庭も好きだけど、早くママと一緒に暮らしたいとも思ってるんだよね」といった子どもの中の相反する気持ちを言語化することも助けになる。里親から実親への思いを肯定されることで、里親が自分の気持ちを受け入れてくれると安心でき、子どもは実親への気持ちを隠したり、1人で抱え込む必要はないと感じることができる。

③ 思春期

　思春期は、子どもと里親の双方にとって最も厳しい状況になりやすい。発達に伴い抽象的な思考も成熟していくことから「自分の本当の居場所はどこか？」といった本質的なものを深く考え始め、「自分は里親家族、または実親家族に属しているのだろうか？」などの疑問や混乱の感覚が強くなる時期でもある。里親家庭の中での自分を客観的に捉えることができるようになると、自立や措置解除についての不安も高まり「あとどれだけ里親家庭にいられるのか？」「実親の元に戻れるのか？　その時は受け入れてもらえるのか？」などの不安が次々に湧いてきやすい。しかし、自立の不安などは、友人にも簡単に相談できないため、孤独感が高まりやすく、中には、里親家庭で暮らしているということに強い劣等感を抱いてしまう子どももいる。施設の子どもに比べて、里親家庭で暮らす仲間や、自立した子どもの姿を目にすることが少ないため、周囲に同じ状況の子どもがいない場合には、自分だけがこうした状況に置かれていることに孤独感を深め、それまでは感じていなかった疎外感を里親家庭に持ったり、自分が里親家庭に相応しくないのではないか、といった自己否定感や罪悪感などネガティブな感情が強くなりやすい。里親家庭への強い希求性が高まる一方で、思春期特有の大人への怒りや反発心が里親だけでなく、こうした状況を生み出した実親に対しても強く表現されることもある。自立や措置解除が近づくと、強い不安や恐怖から里親や支援者との話し合いを避けたり、一見、何も考えていない、どうでもいいといった投げやりな態度を示すこともある。しかし、実際は「再び1人になるのではないか」「このような態度を続けていたら見捨てられてしまって、居場所がなくなるのではないか」といった強い不安を抱えていることも少なくない。そのため、周囲は根気強くこの時期の子どもたちとコミュニケーションをとり、彼らを支えていくことが重要になる。

▶▶▶実践上のヒント

　思春期の子どもたちには、社会的養護の子どもたちのためのピアサポートや、自分の状況をよく知ってくれている専門家からの助言が大きな支えになることもある。しかし一方で、思春期は大人に対して素直に気持ちを表現することは難しい時期でもあることから、里親から勧められた人や場所には行きたがらないことも多い。そのため、できれば学童期などから同じ里親家庭の子どもとの交流や、支援者との信頼関係を築いていると、思春期になってからの相談や助けを求めることへの抵抗が少なくなりやすい。また時には里親の友人や教員、スクールカウンセラーなどの第三者的な存在の大人が重要なサポートになることもある。

4. 里親への心理的支援

❶ 里親支援へのリソースの構築

① 里親支援の重要性

　里親養育の成功は、里親への十分な支援があるかどうかが大きな要因になることが知られている。里親支援では、児童相談所やフォスタリング機関によるサポートに加え、里親仲間によるピアサポートがバランスよく機能していることが重要になる。

　里親養育は中途養育であり、どうしても一般の実子養育とは異なる問題や難しさに直面しやすい。また守秘義務の問題などから、子どもに関する相談を簡単に友人にもできないことから、子育てのリソースが見つからない場合には、里親は地域で孤立しやすい。そのため同じ経験や悩みを共有できる里親仲間の存在が重要な意味を持つ。特に里親仲間は、子育て中のレスパイトなどのリソースとして、また学校や児童相談所、支援機関などとの上手な付き合い方、里親家庭に特有の子どもの問題への対応などについて有益な情報源となることが多い。

② 児童相談所やフォスタリング機関との関係

　個別で専門性の高い問題については、児童相談所やフォスタリング機関などによるスーパーバイズやコンサルテーションがより重要になってくる。また子どもの行動上の問題が大きい場合には、行動マネージメントを含めた治療的アプローチの提供や専門機関の紹介、里親養育に特化したフォスタリングチェンジなどの子育てプログラムなどを提供することも効果的である（➡第7章参照）。

　しかしながら、児童相談所などの支援機関は、子どもを委託し里親のアセスメントをする場所であることから、里親の中には子どもの委託の決定権を持つ児童相談所に何度も相談することで、子育てスキルが乏しいと判断され子どもが引き上げられてしまうのではないかという不安を抱き、相談をためらってしまう場合もある。支援者は、里親が相談に際してそうした葛藤を感じていないか、また相談の障害になる問題が他にないかなどを里親の視点から確認していく必要がある。

③ 多様な支援リソース

　里親それぞれにとって相談のしやすさは異なることから、フォスタリング機関や児童相談所の他、時には里親制度にこだわらず気軽に利用できる地域の子育て支援機関や医療機

関、学校のスクールカウンセラー、また民間のカウセリング機関が、里親にとって大きな支えとして機能することもある。こうした多様なリソースを里親が持てることは、思春期などで硬直化しやすい子どもとの関係を多角的に捉えるうえでも非常に有効である。また子どもとの問題に行きづまっている場合には、里親が客観的に子どもとの関係を振り返る時間を持てるようにレスパイト（一時的な休暇）の制度を積極的に提案することも大切である。支援者は子どもだけでなく、里親のメンタルヘルスや家庭内の状況にも注意を払う必要がある。

④ 里親支援者への支援

里親担当のソーシャルワーカーなどの支援者も、困難な問題が続くことで里親と同様の無力感や絶望感を抱えたり、状況が改善しないことに自責感を持ち、最終的に措置解除などが起きた場合には、自分自身の支援能力に否定的な感情が生じることが知られている。里親ソーシャルワークに関しても、里親と同様にメンタルヘルスやセルフケアを含めた支援者に対する研修や支援のプログラムの充実が行われることで、より質の高いサービスが提供できるようになる。

❷ 里親の喪失と悲嘆に関する支援

① 里親における子どもの喪失

里親養育は養子縁組をすることがないかぎり、近い将来、子どもとの別れが前提とされている養育である。子どもが家庭から去ったあとは、社会的養護の子どもが喪失の体験を重ねやすいのと同様に、里親も喪失に苦しみ、その痛みや悲しみ、怒りなどを感じやすい。

はじめから決められた養育期間が明確で、里親自身も納得していたとしても、実際の別れに伴う喪失感は予想以上に大きいと感じることが多く、里親の中に大きな悲嘆の反応を生じやすい。特に子どもの年齢や委託期間、子どもとの関係の深さは、悲嘆に影響を与える要因として知られている。たとえ短期間の養育であっても、乳幼児などは心身ともにぴったりと寄り添うように過ごすことで強い絆を形成していることも少なくない。そのため家庭復帰や養子縁組といった望ましい措置解除でも、里親に強い苦痛や深い悲しみを伴った喪失感を生じやすい。

子どもとの別れが近づくと里親の喪失感は子どもとの過去の思い出から、今の時間が失われていく焦燥感や、もっといろんなことをしてあげたかったという将来への思いなど、過去、現在、未来に広がっていく。生活が子どもを中心に回っている場合には「この子がいなくなったら、自分はどうなってしまうだろう？」といった不安が押し寄せる場合もある。

> **Episode**
>
> 　あの子と一緒に通った幼稚園までの道や家の中にあるおもちゃを見たり、好きだったテレビ番組が始まる時間になると、「今頃どうしているんだろう？」とか、「ちゃんと元気で暮らしているのかな。さみしがってないかな？」とか考えてしまいます。実親さんの状況が変われば、また帰ってくることもあるかもしれないと思って、部屋をそのままにしてあります。いつもあの子のことを考えて、自然と涙が出てしまいます。

　なかには子どもが去った後の新しい生活に適応したり、気持ちを切り替えることができないまま、長期間喪失の状態に留まりつづけてしまう里親もいる。そのような時に**支援者は、物理的には離れてしまっても、里親が心の中で子どもとつながっていることや、それまで里親と過ごしてきた時間や経験が子どもに与えたもの、子どもにとっての里親の意義などについて、しっかりと話し合う時間を持つことが重要である。**

　子どもがいなくなったあとにも、子どもとの関係を持てたり、子どもの現状を聞けた里親は健康的な悲嘆に移行しやすい。里親が一生懸命に育てた子どもについて気になるのは、人として当然の思いであり、また現在では、子どもが自分を支えてくれた大人たちとつながりを持てることは、子どもの肯定的な自己像の形成やアイデンティティの確立にプラスに働くことも知られている。支援機関は守秘義務やさまざまな限界などがある中でも、里親と子どもが交流ができたり、里親に対してできる範囲で子どもの情報を伝える努力が期待される。

　里親の喪失に丁寧に寄り添う作業は、里親が自らの体験を受け止めていくことへの大きな助けになる。またこうした経験は、里親のレジリエンスを高めるとともに、子どもの抱える喪失の大きさや、子どもと離れた実親の辛さへの深い共感などにもつながりやすい。

② 里親の未処理の悲嘆

　支援者が特に注意しなくてはいけないのは、子どもが去ったあとに、里親が喪失の痛みを感じたり、表現する機会が与えられない状況が起こることである。**喪失や別れについての適切な情報や知識がない場合、里親の感じている喪失感や悲嘆は気づかれないまま放置されてしまうことがある。**特に支援者側が、里親が強い悲しみや悲嘆を表現するのは、親元に返すことが前提の里親養育の役割の理解や受け入れと矛盾しているという考えを持っていると、里親が自分の悲しみや苦しみを表現することが難しくなる。そして里親もそうした気持ちを感じることに罪悪感や自責感を持つことで、自然と喪失の悲しみを抑圧することにつながってしまう。喪失の痛みを十分に理解されないまま、里親を待つ子どもが多

い現実や、強い責任感から休みなく新しい子どもを受け続けることは、里親の中に疲労感や抑うつ感を蓄積させることになる。また措置解除の要因が、里親家族の病気や介護といった家庭の事情の変化や、子どもとの関係性の悪化など、里親側からの理由であった場合には、子どもと離れた安心感と喪失の悲しみといった、アンビバレントの感情に苦しみ、里親の悲嘆が複雑になりやすい。

　子どもとの別れは、里親養育をやめる最も大きな要因となることが知られているが、実際、里親の中にはこうした別れのつらさに何の支援もないことで、抑うつ的になったり、情緒的に痛みを避けるために、次に委託された子どもにはあまり情緒的な関わりを持たないように心理的に防衛してしまうこともある。さらに里親の未処理の悲嘆は、自分たちや家族に対して何のエネルギーも残せなくなり、パートナーとの関係の悪化や、今いる子どもたちへのケアができなくなってしまうといった、全く新しい問題を作り出してしまう可能性もある。中にはこうした未処理の悲嘆が強い怒りにつながり、支援機関に対する不満となって児童相談所などに対する訴訟問題を起こすといった行動につながることもめずらしくない。

▶▶▶実践上のヒント

　たとえ、委託が途中で解除になることがあったとしても、里親がそれを自分の養育の失敗と捉えないよう支援することが大切である。措置解除にならざるを得なかった里親の葛藤に十分に耳を傾け、支援者は里親の痛みに寄り添うことが重要になる。

③ 里親委託の終わりに向けて

　里親養育は24時間の親密なケアを提供することができることで、アタッチメント形成などにおいても望ましい養育環境である一方、子どもから受ける影響や、喪失の痛みや悲しみも強くなりやすい。里親の情緒的苦痛についてしっかりとした知識やケアがないままでは、質の高い里親養育を提供し続けることは難しい。現在、子どもに対する研修やサポートは以前に比べだいぶ充実してきたが、里親自身のケアについては、いまだ十分な支援があるとは言いがたい。特に子どもが去ったあとも、里親の悲しみに耳を傾ける心理的サポートの提供や、あるいは、それができる場所を紹介できるように地域での資源やリソースを開拓することも今後、支援者に求められる課題であろう。はじめだけでなく、終わりにも、里親を支える支援がなければ、本当の意味で里親制度を充実させていくことはできないことを我々は十分に認識する必要があるだろう。

（御園生直美）

▶参考・引用文献───────────────────────────────

Edelstein, Burge and Waterman (2001) *Helping foster parents cope with separation, loss, and grief.* Child welfare
　　80 (1); 5-25.
御園生直美（2008）「里親養育とアタッチメント」『子どもの虐待とネグレクト』10（3）、307 ～
　　314頁
御園生直美（2009）「事例による里子の心理的適応の検討里親との関係構築を通して」『白百合女子
　　大学発達臨床センター紀要』12、57 ～ 65頁
Schofield G, Beek M (2006) *Attachment handbook for foster care and adoption.* BAAF, London.

第3章

家庭養護
（里親／ファミリーホーム）
における子ども同士の
関係性

Key Word

子ども同士の関係性／子どもたちの生活／実子の支援／子どもへの支援

1. 家庭における子どもたち

❶ 家庭養護における子どもの定義

　子どもとは児童福祉法や児童の権利に関する条約などで18歳未満と定められている。また、家庭養護とは、養子縁組家庭、里親家庭、ファミリーホーム家庭を指している。

　家庭養護のもとで生活する子どもたちとは、委託された子ども（委託児童）、養子縁組された養子、実子を指す。また、里親やファミリーホーム養育者に親族が同居する場合は、孫や親族の子どもと同居するケースもある。さらに、措置延長中の委託児童や措置解除後も委託されていた子ども（元委託児童）が同居しているケースもあり、18歳未満の子どもではないが、里親や養育者の「子ども」として生活するケースもあるだろう。

　里親やファミリーホームはこれまで里親（もしくは養育者）と委託児童が中心で語られることがあるが、実子だけではなく養子や元委託児童、孫のような多様な子ども同士の人間関係が存在することがある。

　本章では、子ども同士の関係性に着目し、特に子どもが複数委託されている里親家庭の様子やファミリーホームにおける子ども同士の関係性、そして実子との関係性について述べていく。

❷ 里親家庭における子どもたちの生活とは

　里親は1～4人までの子どもを受託することができる。18歳未満の実子（養子含む）がいる場合は、養育する子どもは6人までとなっている。きょうだいケースの委託を除けば、一度に複数の子どもを委託されることはほとんどないだろう。

　まず、里親家庭では1人の委託された子どもの生活に対応し、徐々に生活に慣れていくことになるが同じ地域に里親がいないかぎり、幼稚園（保育所）、学校等は初めて里親家庭に委託された子どもを担当するため、連携が必要となる。子どもがある程度小さければ、成長とともに家庭や地域にも慣れていくことができるが、幼稚園や小学校など転園・転校などを伴う場合は、家庭と学校等の変化を一度に経験することになる。さらに、中学・高校生など高年齢児になってからの委託は、加えてそれまでの友人関係、生活様式など変化が多岐にわたることになる。

　委託児童が複数いる里親家庭の場合は生活の深みや子ども同士の関わり合いの楽しさが委託児童1人である時よりも多くなるが、その分配慮する視点が増えることにもなる。

　きょうだいの委託の場合、大きく2つに分けられる。1つ目に、きょうだいが同じ時期

に同じ場所から里親家庭に委託されるケースである。この場合、年齢や子どもの個性にあった対応を考えていくことを考慮することになる。2つ目に、きょうだいが違う時期に委託されたり、里親家庭の前に生活していた場所が異なったりする場合である。この場合、きょうだいが里親家庭での生活に慣れると同時にきょうだい関係を再度作り直す必要がある。

Episode

　里親家庭に委託される前、AとBのきょうだいはAが児童養護施設、Bが乳児院にいた。両親は同じであったが、Aが保護されたあとにBが生まれたため、一度も一緒に生活したことがなかった。委託時期も同時ではなく、Aが里親家庭に来た2年後にBが委託となった。Bが委託される際に、里親や児童相談所の職員からAとBがきょうだいであることを本人たちへ告知されたが、2人はきょうだい関係を築くことにとても時間がかかった。同じ家庭環境で生活し、経験を一緒にすることで徐々にきょうだいと考えられるようになっていった。

　また、きょうだいケースではなく、複数の子どもが委託される里親家庭の場合には、子どもたちの里親家庭に来た年齢、性別、以前にどこで生活していたか、実親との生活経験の有無、交流の有無、障害の有無などによって関係性が変わる。さらに、子どもの氏を本名か通称名かどちらを使用するかによって、同じ学校等に通う場合は友達への説明や学校生活にも大きな関係が生じる。

▶▶▶実践上のヒント

　子どもが受ける友達からの何気ない質問は非常に多くある。例えば、2人の委託された子どもが同じ学校に通う場合や地域の子ども会などに参加する場合、1人の子どもが通称名、もう1人が実名で生活することになると、周囲の友達から「なんで同じ家に住んでいるのに違う名字なの？」や「急になんで弟ができたの？」と聞かれる場合がある。通称名を使っていても、急な措置解除になると「なんでいなくなったの？」と聞かれる場合もある。そういった子どもが受ける質問に対し、子どもがどのように答えたいか、子どもが周囲の友達にどのように説明しているか、里親が周囲にどのように説明しているか、などをふまえて子どもと回答方法を考えておくことで、説明へのストレスを軽減できることもある。

　子ども同士の年齢差と性別の関係、そして実親との交流の有無は、子ども同士の関係性に大きな影響を与える。

例えば、すでに委託されている子どものいる里親家庭に、新規で委託をする際、できるだけ子ども同士の年齢を離すほうがトラブルは起きにくいと考えられる。しかし、年齢が近いほうが遊び相手になることで、子どもが環境に慣れるのが早くなることも考えられる。また、精神的な年齢にも関係するため、障害の有無によって年齢差がなくても良い関係性を築ける場合や、逆に年齢差があっても関係形成が難しい場合もある。

▶▶▶実践上のヒント

特に新規委託をする際に気を付けたい年齢差と性別は以下のとおりである。
・すでに委託されている子どもの年齢が3歳未満であれば、アタッチメント形成をする必要のある子どもの委託はどちらの子どもにも影響の出る可能性がある。
・すでに委託されている子どもの年齢と3歳（小学校であれば6歳）以内であれば、同じ学校等に通うことになる。同じ性別であるとおもちゃや友達関係を共有することになり、トラブルになることもある。
・すでに委託されている子どもの年齢が小学校高学年以上である場合、新規に委託される子どもの年齢が近いかもしくは小学校高学年以上であると、異なる性別の子どもの委託は異性関係に発展する可能性がある。

　そして、同じ家庭内で実親の交流のある場合とない場合の子どもが生活する際、子どもの年齢や子どもの背景によって、「自分だけはなぜ実親が会いに来てくれないのか」と悩むことも考えられる。

　委託児童が複数であれば、委託児童ということで孤独感などを強く持たなくなるなどの強みもあるが、委託されている背景や委託された時の年齢などによって考え方や捉え方が異なる。同じ委託児童であっても、子ども一人ひとりの気持ちに寄り添うことが大切である。

❸ ファミリーホームにおける子どもたちの生活とは

　ファミリーホームは、5～6人の子どもを受託することができる。ファミリーホームの場合、養育者の実子の年齢が何歳であれ、養育する子どもの人数には含まれない。そのため、例えば18歳未満の実子が3人いたとしても、そこに6人の委託児童が生活することが可能であり、その場合は9名の子どもを養育することになる。

　里親家庭よりも措置される子どもの人数が多いため、子ども同士の関係性は非常に複雑になる。厚生労働省の「児童養護施設入所児童等調査」によれば、ファミリーホームに委託される子どもの「児童の心身の状況」「該当あり」の数値は、児童養護施設よりも高く

なっており、知的障害や発達障害のある子どもの委託が複数あることも考えられる（厚生労働省 2020）。また、同調査では、児童の委託（入所）時の年齢も明らかにされており、ファミリーホームは里親や児童養護施設に比べ、中学・高校生からの委託の比率も高いことが示されている。

　ファミリーホームによっては年齢の高い子どもを中心とした養育や障害のある子どもの複数養育、同性の子どもの養育などに特化している場合もある。そのような特化された形が安心で安全な生活を送ることにもなるかもしれないが、子ども同士の関係性が安定しなければ子どもたちの生活に大きな影響を与えることも考えられる。

> **Episode**（子どもの声）
>
> 　私の家はファミリーホームをしています。私は2歳の時にこの家に来たので、一番長く生活しています。他の子どもはみんな私より年上で、高校生がほとんどです。1人が高校を卒業して家から自立したと思うと、また次に新しい人がやってくるので、正直落ち着きません。一番年下だけど一番長くこの家にいるので、不思議な感じがします。

　ファミリーホームの子どもたちの生活は、児童養護施設のグループホームと子どもの人数や子ども同士の関係性は大きく異ならない。しかし、家庭養護と位置づけられているファミリーホームは、養育者が共に生活を送っており、里親からファミリーホームへ移行した場合など多くのホームが、基本的に養育者が夫婦であり、父親や母親として養育者を捉えられやすい。委託される子どもも0歳から18歳までと幅広いため、子ども同士の関係も多様である場合も多い。里親として地域で長期間養育を行っていることや事業であることで地域に開かれているホームは多いが、日本の一般的な家族の人数より多いため周囲の目を気にする子どももいる。

　地域に開かれていることは、地域の人からの理解を得るうえではとても重要であるが、子どもがファミリーホームで生活をしていることを周囲に知られたくないと思っている場合や委託されている子どもの措置や措置解除がたびたび起きる場合は里親家庭よりもより子どもたちの声を聴くことも必要だと考える。

　ファミリーホームは、里親家庭よりもさまざまな背景のある子どもを受け入れているケースも多く、子ども同士の関係性で措置解除に至る場合もある（厚生労働省 2013）。年齢の近い子ども同士の場合は同じ学校に通う際の学校側への説明や配慮の方法などの希望を子どもに聞き、できるかぎり配慮していきたい。また、中学・高校生の委託は子どもによって性的な課題や非行傾向にあるケースもあり、1人の子どもから他の子どもへの影響が大きくなることもある。委託する際はすでにファミリーホームで生活している子どもたち

の状況や性別、年齢などから慎重に判断することが必要である。

　子ども同士の年齢差があると、年上の子どもが年下の子どもを可愛がってくれたり、一緒に遊んでくれたりすることもある。年下の子どもたちは年上の子どもたちの進学や受験、自立の様子を見ることで説明しなくてもある程度状況を理解でき、自分の未来の様子を想像しやすくなることがある。年齢が同じぐらいの子ども同士も、家庭内で遊び相手がいることで人間関係が豊かになることもある。同じ立場の子どもたちが一緒に生活することで、子どもたちの人生にプラスに働く。

▶▶▶実践上のヒント

　　ファミリーホームの場合、家庭内に同じ立場の委託児童がいるため、自分一人だけという意識は生まれにくい。その一方、一人ひとりの背景が異なるため、児童相談所の職員の訪問の回数や支援の内容、養育者の対応などを比較してしまう可能性もある。子どもによって、大切にされたという気持ちがどのようなことをどれぐらい行えば持てるのか異なるため、時間や内容を同じにするだけではなく、子どもが不満や不安を口にした際には丁寧に聞きとり、支援者と一緒に対応していくことが求められる。

　ファミリーホームで安定した子ども同士の関係を築くためには、それぞれの子どもの背景に配慮した関わりとプライベートを確保すること、そして、養育者だけではなく補助者などファミリーホームに関わる大人がそれぞれの子どもたちの声を定期的に聴いていく時間を確保することが必要になる。

----

2. 里親・ファミリーホームの家庭における実子の支援

----

❶ 実子の定義

　里親の実子の定義は、里親と血縁関係にある子どものことを指す。ファミリーホームであれば、養育者と血縁関係にある子どもとなる。養子縁組をした子どもは戸籍上里親やファミリーホーム養育者の実子となるが、本章では実子に養子は含まない。養子は実子の立場に立つ場合もあるが、広い意味では社会的養護の子どもとして考えられるからである。

　英語圏の実子を指す言葉には、foster carers' own children（里親自身の子ども）やbiological children（血縁関係にある子ども）、sons and daughters of foster carers（里親の息子や娘）などが

ある。

　これまで日本の調査で正確な里親家庭やファミリーホームの実子の数や年齢などは明らかにされていないが、いくつかの調査から40～50％の里親家庭に実子がいることが分かった（山本 2019a）。ファミリーホームにおいては、全国調査から、実子がホーム内で生活する数は121ホーム中56ホーム・合計90名（平均年齢20.4歳）とし、90名以外に養育者では4名（5.6％）、補助者では48名（18.5％）が実子であることが分かった（日本ファミリーホーム協議会 2012）。その後の、ファミリーホームの調査からも、189ホーム中実子と養子が同居する数が83ホーム（うち補助者とし、同居する人数は42名）となっている（みずほ情報総研株式会社 2016）。

　このように、実子は里親家庭、ファミリーホームのうち約半数にいると考えられ、委託児童と共に生活を送っている。

❷ 実子が持つ気持ち

　実子は里親家庭で生活する中でさまざまな経験をする。その中で、きょうだいが増えて生活が楽しいという気持ちや、責任感を持つ傾向が高いこと、他の人と積極的に関わることができるなど、多様な背景を持つ子どもたちとの生活で学ぶことや得ることは多い。その一方で、両親との時間を委託前よりも持つことができないことや措置解除される子どもとの別れによる喪失感を生み、子どもとの関わりからトラウマを持つこともある。さらに、里親家庭での経験からさまざまなことを考え行動するようになるため、子ども時代を失っているという指摘もある。

　また、中高生になると、家事や子どもの養育の一部の役割を担ったり、両親の養育に関する悩みなどを聞いたりすることがあり、子どもの時期にケア役割を担う傾向が高いことが分かっている（山本 2019b）。

　里親家庭の場合は、長期の委託の子どもを少人数で養育している場合と短期の委託の子どもを繰り返し養育する場合とでは実子の持つ意識は異なる。長期の委託で1～2名の子どもとの生活は、一般的なきょうだい関係と似ていることがある。家族の構成員の入れ替わりも少ないため地域や友達への説明も多くはなく、委託された子どもとの関係が安定しているものであれば問題は多くないだろう。

　短期の委託を繰り返す場合は、実子にとって委託児童に実親がいることの理解、短期間という期限があるため、委託児童との関係があまり良くなくても期間が決まっているため問題があったとしても、長期間続くわけではない。しかし、変化の多い生活となるため、変化に敏感な子どもにとっては委託によってストレスを受けることになる。

　どちらの場合も、一般的な家庭にないこととして、児童相談所などの支援者が家庭に出

入りすることや委託された子どもの背景などに配慮する生活があるということである。このことは、一般家庭の「きょうだい」関係にはないことであり、実子の年齢によっては理解が難しいこともある。

　ファミリーホームの場合は里親家庭よりも子どもの人数が多い。委託された子どもがすべて長期的な養育である場合や、実子の年齢が高く、委託児童の年齢が低い場合などは、比較的変化に対応しやすい。しかし、実子の年齢の上下に子どもの委託がある、実子が低年齢である、実親との交流がある子とない子や養育の期限もバラバラである、非行や被虐待によるトラウマ、障害による行動などのある子どもの委託などの場合であると、実子を含め共に生活する子どもたちへの影響は非常に大きくなる。

　里親・ファミリーホームどちらの場合も、障害のある子どもの委託があると、実子が障害のある子どものきょうだいと同じような気持ちを抱くことも分かっている。また、実子の年齢が低く、里親制度等への理解ができない場合、実子自身が委託されている子どもと同じようにいつか実親の元へ帰るのではないかと不安に思うことも指摘されている。

Episode *（里親の声）*

　私は里親で小学校1年生の実子がいます。先日、2年間育てていた委託児童が実親の元へ帰りました。その時に、実子がとても落ち込んで、学校に行くことができなくなりました。私も2年間育てた子どもとの別れは非常につらいものでしたが、実子は別れの寂しさと同時に「自分もいつかこの家を出ていかなければいけないのかもしれない」と不安になってしまったようでした。

　このように、実子が持つ意識には、実子の年齢や委託児童の数やその関係によってさまざまである。

❸ 実子に対する配慮

　これまで日本において実子への支援はほとんど行われてきていない。実子への配慮は公的な文章にもほとんどないが、厚生労働省が 2012 年発表した「里親及びファミリーホーム養育指針」の中で、実子について以下のように明記されている。

・家族全員が新しく迎え入れる子どもとの生活に影響を受けることを受け止める必要がある。

・養育者は受託している子どもとそれぞれ個別の時間やかかわりをもつように、実子と過ごしたり話したりする場面・時間も作ることが大切である。

・実子や既に受託している子どもに、適宜必要なことを説明する。生活を共有する立場である実子も、子どもとして意見表明できる雰囲気と関係を保つ。
・既に受託している子どもや実子を含む、生活を共にしている子どもへの事前の説明や働きかけを行うとともに、心の揺れ動きなどに十分に配慮する。

　この中で、実子との時間を作ることや、子どもとしての意見表明をできる雰囲気や関係、そして事前の説明や心の揺れ動きなどの配慮することが述べられている。これらをもとに、児童相談所や支援機関の職員や里親が実子への配慮を個別で行っているケースもある。例えば、里親認定の際に実子へ里親制度がどういうものかを説明することや個別に実子への聞き取りを行っている場合がある。しかし、その一方で、一度も里親制度について大人から説明を受けていないことや里親養育に関わる支援者と話をしたことがない実子がいるのも現状である。

▶▶▶実践上のヒント

　実子と過ごしたり話したりする場面や時間は、週に1回実子とのみ出かける、習い事の送り迎えなどの機会を作り、2人だけで話せる時間を作るなどの方法がある。子どもとしての意見表明できる雰囲気づくりは家庭でなくてもよく、実子が熱中できる趣味や習い事などを一緒に見つけ、その時間を確保することなどもあげられる。

　また、実子にとって家庭以外での環境も重要である。実子の中には、学校や近所の人から里親について、委託された子どもについて聞かれたり注意されたりすることもある。委託児童と同じ学校に通うことになると、「弟がいたの？」「名字が違うのに一緒に生活するってどういうこと？」などと聞かれることや、初めて自己紹介をする際などに「何人家族？」「何人きょうだい？」という何気ない質問をされ、答えにつまることもある。

Episode （子どもの声）

　「きょうだい何人？」「何人家族？」という質問はいつもどう答えていいか迷います。今まで一緒に暮らして実の親の元へ帰った子どもを入れなくていいのかとか、委託された子どもはきょうだいと私が思うことを嫌がらないかとか考えると分からなくなるからです。仲の良い友達には本当のことは言えても、出会ってすぐの人には本当のことは答えられません。私はいくつかの種類を用意していて、信頼できる人には親が里親をしていて預かっている子どもがいることを伝えますが、出会ってすぐの人や知らない人には血のつながっている家族だけを答えています。

ファミリーホームの場合は、さらにこの答えが複雑になる。子どもの人数が多いため、すべて委託されている子どもを家族やきょうだいに含めると、その後の対応がとても困ることがある。実子がこのような質問を受けた際にどのように答えるか悩んでいたら、里親や養育者そして支援者の大人と一緒に考えていくことも必要になる。

実子への配慮は実子の年齢によっていくつか分けられている。年齢順を追って考えてみたい。

① 実子の年齢が未就学児の場合

あまり多くはないが、実子の年齢が低い時から里親養育を始めるケースも一部ある。まず、実子のアタッチメント形成が重要な時期に里親養育を始めることは実子にとっても委託される子どもにとっても負担が大きいと考えられる。

実子が言葉を理解できるようになり委託が開始された際は、子どもでも理解ができるように説明をすることが大切である。「きょうだいができる」という言葉を使うことも1つではあるが、里親やファミリーホームの養育には期限があり、子ども同士別れがある可能性がある。その際に、きょうだいという言葉がさらに実子へ喪失感を与えてしまうことになる可能性もある。また委託当初は実子も不安定になることもあり、過食や睡眠の質の低下、夜尿、チックなどの行動が出ていないか、出るようであれば里親支援を行う機関へ相談ができるようにしておくことが重要である。

② 実子の年齢が小学校低学年の場合

実子が小学校1年生という区切りで里親になる人もいるが、小学校1年生という学校が始まる時期に里親養育も開始すると、実子にとって変化が大きく、不登校や夜尿などが起きるケースもあるので注意が必要である。また、11歳までの子どもは、ピアジェの心理学によると具体的操作期と呼ばれ、抽象的・論理的な考えが難しいとされる。そのため、実子が自分もいつかこの家を出ていかなければいけないと考えてしまうケースも10歳程度までみられる。実子が自分の家庭の状況を理解するためには、実子には繰り返し分かる言葉で説明が必要であり、その際になぜ自分たちが里親になろうとするのかという親の気持ちも伝えていくことも重要である。支援を行う人は、実子だからといって里親に説明などを任せるのではなく、実子も大切な存在であることを理解し支援していく必要がある。

③ 実子の年齢が小学校高学年や中学、高校生の場合

実子が小学校高学年程度になると、里親制度についての理解ができるようになる。そのため、養育の開始時に実子の理解は重要になる。しかし、思春期に入る頃であるため、実

子に合った説明やプライバシーへの配慮などを十分に行うことも必要である。

　中・高校生になると授業時間が長くなり、部活動もあるため、あまり家で過ごす時間も小学生までと比べると多くはない。それは、委託児童との時間も少なくなることを意味するため、関係形成に時間がかかることもあるが、楽しい時間を意識して共有できるようしていくことも必要である。

❹ 実子への支援

　実子の支援は日本ではほとんど行われていないが、今後児童相談所、フォスタリング機関、里親支援専門相談員などの里親を支援する機関や支援者によって行われていくことを期待している。その中で、海外の実子支援を参考に今後の日本で考えていきたい支援をいくつかあげていきたい。

① 実子への説明や面接による支援（委託前、委託中の支援）

　イギリスやオーストラリアなどでは、里親の登録時や委託前など支援者が実子と個別面談を行っている。10代の実子に対する個別面談は里親が同席せず行われ、実子がどのように両親のことを考えているのかなど、家庭内の状況を含め聞きとりが行われている。また、委託後も継続して実子への面談やレポートの提出などが行われている。また、実子が希望し長時間の研修に参加できる場合、里親研修への実子の参加を認めている地域もある。

　日本でも児童相談所や支援機関の支援者が実子との面談を行っている場合もあるが、それは各支援者に任せられており、実子の面談を誰がどのように行うのかという明確な指針はない。また、日本でも成人の実子に対しては同居人であることも含め、里親研修に参加している場合もあるが、未成年の実子の研修参加は認められていないケースがほとんどである。

　今後、委託前などに里親制度を理解できる年齢の実子には、制度やどのような支援者がいて、これから訪問などを行うかについての説明や実子の気持ちの聞き取りなどをし、里親養育には実子の協力があるからこそできるということを伝えていく機会を作ることを期待する。

▶▶▶実践上のヒント

　子どもが委託される前に実子が知りたいと考えることとしてあげるのは次のようなことである。
・委託される子どものある程度の背景（例えば、実親の元に帰ることがあるのか、どこで生活していたか）

・委託される子どもに障害がある場合、その障害についての情報（どのような障害があり、困った時はどう対応すればいいか）
・支援者がどんな人で、どのぐらいの頻度で家庭訪問などがあるのか

　この内容は成人した実子への調査であげられたものであり、すべての情報をすべての実子に伝えることは最善ではないと考える。むやみに、「実子」「委託児童」と分けることで、実子と委託児童の関係が悪くなることもあるし、情報を伝えることで不安が増してしまうことも考えられるからである。年齢によっては、障害の理解がないからこそ良い関係を築けることもあるし、言葉の理解が十分でない子どもに情報を与え過ぎてしまうことで悪い関係になってしまうこともある。大切なことは、実子が知りたいと思うことに対し、大人が向き合い、一緒により良い方法を考えていくことである。

　また、里親は守秘義務について決められているが、実子は決められていない。実子に里親養育の情報を伝えることで理解が深まることもあるが、委託されている子どもの背景を知ることで友達に状況を説明する際、自分自身で話す内容を決めていかなければいけないなど、情報を伝えることへのメリットとデメリットがある。実子の年齢や状況にあわせて情報を伝えていく必要がある。

② 里親家庭の実子の当事者による支援

　里親には里親会があり、養育中の喜びや悩みなどを共有できる仲間と出会う機会を得られやすい。しかし、里親家庭の実子は地域に里親家庭に実子がいなければ出会うことはなかった。それぞれの家庭によって実子の経験というのはさまざまであり、実のきょうだいの姉や兄、妹と弟であっても里親家庭での経験の捉え方が異なる。実子の当事者と出会うことで、1人で悩みを抱えている場合やちょっとした疑問に対して共有できる仲間がいると不安が減り、早急に解決することが可能となるだろう。

　海外には実子同士が集まる機会を設けている支援機関があるが、実子に支援が必要だと考えていない場合や支援機関に実子支援を行う担当者がいなければ、支援の機会を設けることはできない。また、一部の海外の支援機関では里親家庭で実子として生活している当事者が、これから里親養育を始める家庭の実子へ先輩実子として関わり、先輩実子が実子への制度説明をするなど研修のような役割を担っている場合もある。日本では、まだ里親の数も多くなく、里親会のような活動はできないが、里親大会などで実子が集まる機会を作るなどの支援は可能である。また、実子の当事者活動も少しずつ始まっており、高校生や大学生などある程度大きくなってから当事者活動に参加することや、インターネットでつながることも可能となっている。

③ 専門職による支援

　里親養育期間中に実子が不登校、夜尿、精神的な不安定などの状況になることも考えられる。これまでは、実子の養育は里親である親に任せられており、専門職の支援が入ることはほとんどなかった。しかし、実子は委託児童と同じ子どもとしての立場があり、里親養育支援の中に実子支援を含めていくことは、より良い里親養育のためには必要なことである。そのため、公認心理師、臨床心理士などの心理職が実子のカウンセリングを行ったり、社会福祉士などが相談援助を行ったりすることも、実子の状況にあわせて行っていくことが望まれる。

　児童相談所の職員、フォスタリング機関の職員、里親支援専門相談員など多様な里親養育を支援する専門職がいる中で、地域によって誰がどのように実子へ配慮し支援していくかなど今後展開されることを期待したい。

3. 委託された子どもと実子の関係

❶ 里親家庭における委託された子どもと実子の関係

　里親家庭における委託児童と実子の関係は、年齢差や委託児童の背景などによっても異なる。実際には年齢差や性別によって大きく関係が異なるわけではなく、子ども同士の相性が良ければうまく関係が築けるし、どんなに大人が配慮したからといってうまくいかない場合もある。

> **Episode**
>
> 　里親のCさんは、里親になるにあたって実子と委託児童の関係にとても配慮し、実子には委託児童のことを伝えてきた。ある日、Cさんは実子が委託児童に対し「僕は実子だから」と言うのを聞いた。実子への配慮をしていることが、子どもにとっては区別になっていることにもなるかもしれないと思い、どのように話をすればいいか悩んだ。

　実子が小学校低学年までの場合、委託児童と一緒に生活することが楽しいという気持ちやいろいろな家庭があるという理解をすることが子ども同士のお互いの関係形成に必要なことであり、実子や里子（委託児童）という言葉を大人が必要以上に使わないことが最善である。親から大切にされているという基盤と安心して生活できる家庭環境があれば、我

慢などが多少あったとしても乗り越えられるだろう。常に周囲の大人が委託された子ども
や実子に対し、それぞれに大切な存在であると伝えていくことが必要である。

▶▶▶実践上のヒント

　委託児童と実子を育てている里親が養育上心がけていることとして、いくつかのヒン
トがある。
・それぞれの子どもの特別な時間を設ける。その際、子どもが好きなこと、大切にし
　ていることを親が共有する。
・委託児童と実子分けるのではなく、どちらも大切な存在であると伝える。
・新しい子どもの委託の際には、必ず実子や委託児童に確認を取る。
　決してどちらかを特別に扱うのではなく、どの子どもも特別にすることが大切であ
る。

❷ ファミリーホームにおける委託された子どもと実子の関係

　ファミリーホームにおける委託児童と実子の関係は、里親家庭よりも複雑となる。その
理由として、養育する子どもの人数が多いこと、そして実子が補助者となるケースも多い
という面があげられるだろう。

　委託児童6名という人数は、施設養護のユニットやグループホームにおける人数と変わ
りがない。また、実子がいる場合、施設のグループホームの子どもの人数よりも多くなる
可能性があるということにもなる。実子や長期で委託されている子どもにとっては、一緒
に生活する子どもの入れ替わりがあると、そのたびに関係を築いていかなくてはならない。

　ファミリーホームに実子がいることでのメリットは、例えば実子の年齢が高ければ、委
託児童のロールモデルのような存在になるし、実子が子ども同士の関係に入りやすくなる。
また、実子の年齢が低ければ、委託児童にとって関係が築きやすくなるかもしれない。反
対にデメリットは、実子と委託児童との関係が悪くなった際に、現在の制度であると支援
がないことだろう。実子がファミリーホームから離れるということは、進学等でないかぎ
りは考えにくい。そのため、関係がとても悪くなると、委託児童の措置変更を考える可能
性がある。委託児童の措置変更は、委託児童本人、養育者、他の委託児童、実子それぞれ
に大きなマイナスの影響を与えることになる。

　さらに、家族関係の悪化により、ファミリーホームの継続が難しくなれば、事業として
行われているファミリーホームの場合、養育を辞める＝親の職がなくなるということにな
る。実子が何らかの困難を抱えた際、これまでは養育者である親が対応してきたが、それ

だけでは十分ではない。委託児童も実子との関係で悩んでいる場合もあり、養育者に伝えられないこともある。そのような時に、委託児童と実子がどちらも相談でき、ファミリーホーム内の子ども同士の関係に配慮し、支援を考えられるような仕組み作りが今後重要になると考えられる。

▶▶▶実践上のヒント

　ファミリーホームの場合は補助者を置く必要がある。養育者の親や実子などの親族が補助者となっていることもあるが、補助者が親族以外の第三者の場合は委託された子どもや実子の家庭内の状況を理解していることが多いため、子どもの相談を受けやすいともいえる。補助者が親族である場合は、第三者で委託児童、実子ともに相談できる大人の存在を意識的に作っていくことも必要であると考える。

　また、実子が補助者になっているファミリーホームの場合、例えば実子が未成年であった時から里親養育やファミリーホームの養育を開始した場合、姉や兄の立場から補助者になることになる。同居する実子が補助者となっている場合もあり、実子の家庭内の役割が補助者になることで変化がおき、困難を抱えるケースもある。そういった場合の相談先も今後養育支援の中に入れていくことを期待したい。

4. 家庭養護における子どもへの支援とは何か

　児童養護施設などの施設養護とは異なり、家庭養護の子どもには委託児童だけではなく、実子や養子、元委託児童など多様な存在がいる。子どもとしての立場は同じであり、本来ならばどちらにも支援が必要となる。しかし、これまでは両親がおり要保護児童ではないため、支援がほとんどなかった実子に対しても、今後は支援対象として考えていく必要があるだろう。

　また、委託児童同士の関係性への支援も今後重要となる。きょうだいケースではないと、同じ児童福祉司が担当することはあまりない。ファミリーホームだけではなく、複数子どもを委託されている里親家庭では、委託児童同士の関係への視点が大切である。そのために、支援機関や里親支援専門相談員などの支援者が子ども同士の関係を理解し、支援していくことが望まれるだろう。

重要な視点は以下の3点である。

① 子どもの声を聞きとる場所や支援者の必要性

　里親家庭やファミリーホームは地域に点在しており、委託児童や実子は周囲に理解者がいないケースがある。里親養育の支援者はもちろんのことだが、学校や地域（例えば習い事の先生、友達の保護者）に信頼できる大人の存在を作ることが子どもたちの生活の中では必要なことと考える。

　子どもたちの中には、支援者に本音を言うと、里親家庭にいられなくなることなどを心配し、なかなか相談できないという子どももいる。今後は、子どもが安心して本音を言える、子どもアドボカシーの役割も必要とされる。

② 当事者と出会える機会の確保の必要性

　ファミリーホームの場合は委託児童が複数いるため、家庭内で当事者同士が関わることができるが、里親家庭の委託児童や実子の場合、当事者と出会える機会はとても大切であると考える。また、ファミリーホームの場合であっても、子ども同士の関係がうまくいっていない時など、他の家庭の当事者と話すことで心が軽くなる場合もあるだろう。子どもによっては当事者が集まる場に行くことや話をすることを嫌がる場合もある。その一方、当事者が集まる機会を持ちたい子どもに対しては、出会える機会を確保することが重要である。

▶▶▶実践上のヒント

　地域によっては委託児童同士が集まる際に、里親家庭やファミリーホームから巣立った元委託児童との交流を行う場合もある。進学や就職の経験をしている元委託児童の話は子どもの背中を押すきっかけにもなる。このような機会は、里親会・児童相談所・支援機関などが協力して各地域で行われると、毎年続けられ、子ども同士の横のつながりを持ちやすい。参加を嫌がる子どもにとっても、地域で毎年開催されていれば、気持ちの変化があった時に参加につながる。

③ 成人になってからも相談できる場所の確保の必要性

　里親やファミリーホームは実家として機能していることが多いと考えられる。子どもが自立した後も困った時に連絡を取り合えたり、実家に帰省するようにお正月などに泊まりに来たりすることもある。児童養護施設にアフターケアの役割があるように、里親や養育者が委託児童のアフターケアを行っているケースも多く見られる。しかし、里親や養育者

の中には高齢な場合もあり、アフターケアが十分にできないことも考えられる。そのような時に、委託されていた子どもだけではなく、実子が委託期間中から継続して相談できる場所の確保が必要である。

Episode

　私の両親は里親をしていて、母は数年前に他界し、父が子どもの養育を担い、実子である私も高齢の父のサポートを行っています。委託されている子どもはもうすぐ自立となるのですが、これから子どもたちが相談する先は私になると思います。そういった時に、子どもの様子を知っているフォスタリング機関に相談したいと思っています。

　児童相談所は職員の異動が頻回の地域もあることや、措置解除後の子どもの支援まで手が回らないこともある。そのため、委託中からの子どもの様子を知っていて、支援を行えるフォスタリング機関や里親支援専門相談員などの支援者がアフターケアを担っていくことを期待する。

　今後、家庭養護の推進が進み、里親やファミリーホームの数が増えることで、これまでになかった子ども同士の関係が見られる可能性もある。また、実子の支援や子ども同士の関係への支援など、新たな視点も必要になるだろう。その際、児童相談所だけではなく、フォスタリング機関、里親支援専門相談員等、地域にいる支援者や大人が子どもの声を聴き、丁寧に対応していくことが求められる。

　子どもの関係への支援は、家庭養護の質の向上に必要な視点であるが、まだ始まったばかりともいえる。地域における社会資源を活用し、里親やファミリーホームで生活する子どもたちが関わり合いの中で成長し合えるように、支援をしていくことが必要である。

（山本真知子）

▶参考・引用文献

厚生労働省（2012）「里親及びファミリーホーム養育指針」

厚生労働省（2013）「平成25年度ファミリーホーム実態調査集計結果」ファミリーホームの設置運営の促進ワーキンググループ

厚生労働省（2020）「児童養護施設入所児童等調査の概要（平成30年2月1日現在）」

みずほ情報総研株式会社（2016）「ファミリーホームの養育実態に関する調査研究報告書」

日本ファミリーホーム協議会（2012）「ファミリーホーム実態調査報告書」

山本真知子（2019a）「里親家庭における実子への支援の現状と課題」『社会福祉研究』第135号、15〜23頁

山本真知子（2019b）『里親家庭の実子を生きる――獲得と喪失の意識変容プロセス』岩崎学術出版
　　社
山本真知子（2020）『里親家庭で生活するあなたへ――里子と実子のためのQ&A』岩崎学術出版社

子どもの習い事や小遣いについて

　「その子らしく考え、選び、行動する、そして小さな責任を背負う」習い事やお小遣いは、子どもの育ちの中でのそのような体験を与えてくれる大切な重要な機会である。

「銅メダル」

　「僕、メダル3個持ってるよ。見る？」

　1年半ほど前に柔道を始めた小学3年生のある子どもが、その3個の銅メダルを何度も見せてくれる。

　「頑張ったね。また一生懸命、練習しような」

　「うん」

　うれしそうなその笑顔が、なんとも可愛らしい。

　いつ読んだのか。誰に聞いたのか忘れてしまった金・銀・銅の話。金は素晴らしい。銀は「金」に（より）「良」いと書く。銅は「金」に（と）「同」じと書く。3つのメダル共に素晴らしい価値がある。ただ銀・銅には、負けた体験が付け加えられていて、それが謙虚さを生み、人としての豊かさを与えるのだろう。

　時間や空間・ある場面が、静かな美しい演奏のように心に響いてくることがある。目に見えない価値、言葉や点数に表せない価値を感じる瞬間である。子どもたちとの触れ合いを通して、だんだん目からうろこが落ちていく。

　「園長先生は、メダル持ってる？」

　「うぅん、そういえばもらったことないんだよな」

　「僕のメダルあげてもいいよ。……あっやっぱりあげられない」

　今日も柔道着姿で道場に通う7人の子どもたち。出かけて行く後姿を見守りながら、子どもたちと暮らす幸せを感じている。

「父の日」に

　職員になって間もない頃である。子どもたちとサッカーしたあと、汗まみれの服を着替

えていると、中1の2人の男の子が「お小遣いを出してほしい」と頼みに来た。夕暮れだったので「こんな時間に小遣いはいらないだろ。我慢、我慢」と伝えた。すると「今日どうしても買いたい物がある」と丁寧に頼む2人。根負けした私は「こんな時間に買い物に行かないように。今日だけ特別だぞ」と、溜め息交じりに預かっていた財布を手渡した。

　翌朝のことである。「父の日おめでとう。いつもありがとう」とプレゼントを持ってきた。買い物はプレゼント購入のためだったと知った。当時24歳だった私に当事者としての意識はなく、突然の出来事であった。反省と喜びで複雑な気持ちになったのを記憶している。

　当時可愛かった2人はもう50歳、共に立派な「お父さん」になっている。

「美しいひとに」

　数年前、『置かれた場所で咲きなさい』の著書で有名な（故）渡辺和子シスター（元ノートルダム清心学園理事長）が、園を訪ねてくださった時のことである。

　「こんばんは。お食事中、ごめんなさいね」

　と声をかけられたその瞬間。子どもたちは静かに箸を置き、居ずまいを正した。気品ある姿とふくよかな笑顔の奥にある“凛とした美しさ”に、自然に反応したのだろう。子どもたちのその姿を見て、

　「皆さんは、とても素晴らしい教育を受けておられますよ。……良い人に育ってくださいね」

　と言葉をかけて、お帰りになった。その時のシスターと子どもたちの姿を、私は今でも良き思い出として時おり思い出すことがある。

　子どもにとって傍（そば）にいる大人の姿は、やがてその子どもの価値観や生きる規範となっていく。シスターは著書の中で、「真に人格というべき人は、自ら判断し、判断に基づいて行動し、その行動に対してあくまでも責任を取る存在である」（哲学者ガブリエル・マルセル）の言葉を引用しながら、人としての理想を伝えている。

　私にとって高い目標ではあるが、自分もいつの日かこの言葉に近づきたいと思う。そして、子どもたちにも伝えていきたいと思っている。

生活の中で、本当の「喜び・楽しみ」に出会うために

　優先順位をつけながら自分にとって価値あるものを選び、行動したその結果を引き受ける。「お小遣い」は、そのことを学ぶ日常の小さな経験となって積み重なっていく。月に１回もらうお小遣いで、自身をコントロールしながら予算の中でやりくりすることは、良き社会人に育っていく１つの要素となるだろう。高価な品を購入するためには、我慢すること貯めることが必要である。そのことが本当の喜びや楽しみを体験することにもなっていくのである。

　また「習い事」は、子どもの励む力と忍耐する力を養い、調和を大切にする心を育てる貴重な機会になるだろう。この経験は、社会の中で自分らしく生きていく力につながっていく。スポーツの世界では負けた経験が、自らの力を受け止める精神や人としての優しさを育てる。養育者は、「勝つこと、賞を受けること」に重きを置くことなく、負けた時、賞を受けることのできなかった時の悔しさを共有し、その経験が糧になるように導いてほしい。他人を思いやる心、「おもてなし」の心は、習い事や部活の体験を通して学んでいくことが多い。

　心の内面の枠をもって自身の心をコントロールしながら物事を統括して判断する。習い事や小遣いの経験が、その良き材料になるように関わっていきたい。

（松永　忠）

第4章

里親家庭で行う
ライフストーリーワーク

Key Word

ライフストーリーワーク／アイデンティティ／子どもの知る権利／ルーツ／真実告知／
自己肯定感

1. ライフストーリーワークの基本

❶ なぜ、ライフストーリーワークが必要なのか？

里親や、養親と血縁関係がないことを子どもに伝えるための「真実告知」の必要性は広く認識されている。この「真実告知」は子どもの知る権利を保障するためには必要不可欠な実践であるが、日本語の「告知」という響きのせいか、子どもに一度に大きな事実を告げるという儀式的なものとして捉えられていることも多い。このような方法は、里親と子ども双方にとって非常に緊張感の高いものであるがゆえに、「いつでもあなたの家族やライフストーリーにまつわる疑問を発してもよいのだ」というメッセージを子どもに十分伝えきれないという課題があった。さらに、子どもが成長していく中で湧き上がってくる疑問に適切に応えることができなった。そこで本章では、子どものペースに寄り添いながら繰り返し、内容を少しずつ追加していけるライフストーリーワークについて考えていきたい。

ライフストーリーワークを行う最大の理由は、子どもが自分と自分を取り巻く状況を正しく理解し、自分の未来設計をするのに重要な情報を得ることである。

もっとも重要な点は、措置理由を正しく理解することである。英国などの取り組みからも、子どもが措置理由を正しく理解できていないと、「自分が悪い子だったから」「自分がかわいくない子だったから、いらない子だったから親が養育放棄した」などという自責の念にとらわれることで子どもの自己肯定感が損なわれると言われている。そのため、ライフストーリーワークでは子どもが措置理由を知る過程で、「（主に親や家族の）さまざまな事情」から里親家庭に委託されたことを説明することが重要である。生みの親から離れて暮らすことになった経緯や、これまで親ではないが里親や施設職員が養育してきたことを説明していく。ここまでは「生い立ちの整理」という範囲で捉えることができるだろう。

さらに、ライフストーリーワークでは、これから未来に向けての展望を話し合うことを非常に重視している。実際に、小学校入学後の子どもとライフストーリーワークをやってみると、多くの子どもが過去をある程度理解すると、すぐに未来についての興味や不安を口にする。中学3年生や高校3年生などの大きな進路の時期でなくとも、「自分がどこで暮らすのか」「今の学校にいつまで通えるのか」などの不安の中に子どもが取り残されないよう注意が必要である。

Episode

小学2年生になったアキコさんは「なぜ生みの家族と離れて暮らすことになったの？」

「今の家族のことを教えて」「これから私はどうなるの?」という疑問を発するようになった。今までは大まかには説明してきたが、アキコさんが十分理解できると感じた里親は児童相談所に連絡し、何度か通所して里親同席のもと措置理由について説明を受けることにした。母親が精神疾患、父親は再婚しているために引き取ることが難しいということを受け入れるまでには相当な時間がかかったが、高校卒業までは里親宅で暮らすことを理解して次第に落ち着いていった。

▶▶▶実践上のヒント

　ライフストーリーワークの中で里親が自分を生んだのではないことを子どもが知り、成長に伴って周囲の子どもは現在暮らしている親が生んだことを知ると「なぜ、自分を生んでくれなかったのか?」と怒りをぶつけてくることがある。これは子どもが里親のことを嫌悪し、向ける怒りの感情ではなく、「あなたに生んでほしかった」というメッセージであると考えることもできる。言動の背景を読み解くことも必要である。

❷ ライフストーリーワークで扱うこと

　ライフストーリーワークは、子どもが信頼できるおとなとともに、過去―現在―未来を理解し、自分のストーリーを作っていく取り組みである。それぞれの段階における子どもと家族を取り巻く状況を説明しながら、過去から現在、現在から未来へ子どもの歴史を紡いでいく取り組みである。具体的には、ライフストーリーの中にある「事実」や「エピソード」、記憶の中または今の「気持ち」を丁寧に共有しながら、整理していく。その過程で、事実と沿う形での自分のストーリーを作っていく。過去の「事実(出来事)」は変えることはできないが、それに対する捉え方は生涯をかけて変化をしていくものであり、結果的に子どもが自分の生い立ちを肯定的に捉えることができるようになることが望ましい。少なくとも社会的養育のもとで暮らしていることが主体的に人生を選択していくうえで大きな障壁とならないようにライフストーリーワークを行う必要がある。

　社会的養育で暮らす子どもの中には、養育者や生活の場の変更を経験することで、記憶から時系列に沿った移動や歴史、成長の記録やエピソードが抜け落ちてしまうことがある。そのため、子どもの歴史やストーリーをしっかり記憶と記録に残す取り組みが重要である。これは一般家庭の子どもであれば、日常的に親やきょうだい、長年慣れ親しんだ他者から自然と得ていくものであるが、社会的養育で育つと、幼少期から継続的に子どもを養育するおとなが身近に存在しない場合がある。そのため、ライフストーリーワークによって自覚的にそのような情報を伝達していく。

　さらに、社会的養育で暮らすすべての子どもが、一度は生みの家族との離別を体験して

いる。または、慣れ親しんだ人間関係や生活環境を喪失した体験を持つ。乳幼児にとっても五感を通じて感じる環境の変化は離別・喪失体験として、その後の人生のさまざまな場面で想起されたり、記憶があいまいなために子どもが混乱することがある。離別・喪失体験に関しては、措置理由を説明することでその背景を説明していくことが多い。離別・喪失体験が子どもの責任によって生じたものでないことや、おとなの事情であるにせよ、それがわれわれの社会で起こりうるということを繰り返し説明していく。

これらの背景を理解したうえで、今後どのような人生を歩んでいきたいと願っているのか話し合う。

ライフストーリーワークの中では、おとなと子どもが扱いたい、または、知らせたい／知りたいと思う事柄には「ずれ」があることも多い。基礎情報の伝達などはおとなが子どもの成長発達に応じて伝えていく必要があるが、日常生活で子どもが発信する疑問や悩み、不安に関するサインをキャッチし、丁寧に応答することがそれ以上に重要である。

❸ ライフストーリーリーワークの内容

ライフストーリーワークの内容は、それぞれの子どもの知りたいことや状況によってさまざまである。そのため、一概に内容を決められるものではないが、以下に例をあげておく。

・過去

子どもの基礎情報と措置理由を伝える。

基礎情報については、母子手帳に含まれる情報が参考になるだろう。さらに、親やその他の養育者と共に暮らしてきた子どもの歴史と、これまでのエピソードを含むストーリーを共有し、その時々の気持ちについて話し合う。

・現在

過去からの流れで、子どもが「できるようになったこと」や「好きなこと」や「得意な教科」などを話し合う。また、現在の子どもや家族を取り巻く状況、そのことに対する子どもの気持ちも話す。

・未来

これからの進路についての展望を説明するとともに、子どもの希望や気持ちを話し合う。最も重要なのは、子どもが「いつごろまで」里親家庭で暮らすのかということを関係者が把握し、それを子どもに伝えることである。そのうえで、子どもとこれか

らのことを話し合うことでより実現可能性の高いプランを立てることができる。

　すべての段階に共通するものとして、ライフストーリーワークでは、子どもと一緒に遊びながら楽しんで取り組める方法やゆかりのある場所を訪ねるなどのアクティビティを大切にしたい。例えば、アルバム作りなどではおとなが文を書き、子どもが絵を描くなどの共同作業を楽しむことができる。また、乳児院や生まれた病院を訪問することは子どもが昔暮らしていた場所に身を置くことで、五感を通じた理解を得ることができる。

　また、訪問先で当時の子どもの状況を知る人と話をすることができれば、子どもの理解や感じ方が深まることが多いだろう。このように、その場に身を置くことで口頭や写真だけではない経験を通じて得られるものがあるため、このようなアクティビティを可能なかぎり含むことを推奨する。

Episode

　乳児院から里親委託に措置変更になったタロウくんは、お友達の妹が生まれて赤ちゃんを身近に見たことがきっかけとなり、里親宅で「自分が赤ちゃんの時暮らしていた場所はどこ？」「一緒に生活していた人は誰？」とたびたび尋ねるようになった。

　そこで、里親から児童相談所に状況を説明し、児童相談所から乳児院に事前に連絡したうえで里親さん、児童相談所の児童福祉司、里親支援機関のソーシャルワーカーと4人で乳児院を訪問した。当時担当してくれていた保育士さんと写真アルバムを見ながら、タロウくんがどんな赤ちゃんだったのか、どんな暮らしをしていたのか、今は音信不通の親と面会していた時の様子などを聞いたタロウくんは興味深々で聞き入っていた。帰り道にタロウくんは「赤ちゃんの家で○○さんにかわいがってもらっていたんだ。ブランコで遊んでたの本当は覚えてるよ」と楽しそうに語っていた。

　その日以来、現在暮らしている里親とは別のもう一組の親がいるということにも興味が出てきた様子で「お友達は生んだママとパパと暮らしているのに、なんで僕はちがうのかな？」「いつかもう1人のママとパパも会いにくるのかな？」と里親に聞き始めた。これから、親のことに関しても児童相談所や里親支援機関と協力しながら少しずつ伝えていく予定である。

2. ライフストーリーワークの進め方

❶ いつやるのがいいの？

　乳幼児期と学童期、思春期など、年齢によって話し合う内容や子どもの疑問も変化する。そのため、内容は子どもの理解度、準備度、発達、年齢に応じて変化していくべきである。重要なのは、ライフストーリーワークは子どもにとってもおとなにとっても過度な負担にならないよう、幼少時から少しずつ、繰り返し行うことを重視することである。

① 大きなライフイベント

　社会的養育の子どもにとって最も大きなライフイベントは、措置や措置（委託）解除であろう。その際に担当の児童福祉司から丁寧に説明を受けることがライフストーリーワークのスタートとしても、その後の人生においても重要となる。ここで、措置理由を伝えることは重要だが、子どもがすべてをその場で理解し、記憶しておくことは難しい。そのため、措置期間中に分からないことや聞きたいことがあれば、児童福祉司や里親など周囲のおとなに尋ねることができるというメッセージを併せて伝えることも忘れてはならない。

② 乳幼児期

　周囲に子どもが生まれた時や引っ越し、親戚の集まりへの参加など、子どもが自分の生い立ちや家族について興味を持つきっかけがある。また、幼稚園や保育園に通うようになると、父の日や母の日、敬老の日などで家族への想いを表現する場面も出てくる。そのような時に、どのように対応するかを決めておく必要がある。また、それをきっかけに家族や親について話をすることもあらかじめ想定しておく必要がある。

　言語による理解が十分でない段階においても、絵や写真などで伝えたり、「お母さんやお父さん」などの単語を耳に入れておくことがその後ライフストーリーワークでより詳細な事柄を話し合う際に助けになってくれることもある。さらに、家族について知りたいことがあれば、周囲のおとなに「尋ねてもよいのだ」というメッセージを伝えておくことがこの段階では非常に重要である。

▶▶▶実践上のヒント

　乳幼児期には、家族や里親委託について絵本や紙芝居で伝えることで子どもが理解しやすいかもしれない。例えば、本人のお話としてではなく、動物や乗り物が里親委

託で暮らす話などに置き換えて読み聞かせをしておくと、子どもがそのようなストーリーを聞き慣れることができる。

③ 学童期

学童期になると、小学校2年生の「生い立ちの授業」がカリキュラムに含まれている。また、小学校4年生では、任意のカリキュラムではあるものの、多くの学校で「二分の一成人式」が行われる。授業で「名前の由来」や「出産時の状況」「幼少時の写真やエピソード」を親から聞き取り、発表するなどの課題が出されることがある。その際にライフストーリーワークの進度と齟齬がある場合は、かなり前から里親家庭での準備が必要となる。また日頃から担任の先生との連携を取り、事情を理解してもらうことが必要である。その結果、通例の発表形式の授業を変更してもらう必要があるかもしれない。当該学年になったらすぐに担任の先生などに事情を説明しておく必要があるだろう。また、必要に応じてスクールソーシャルワーカーなどの教員以外の専門職も含めて協議をしておくことで、不必要に子どもが傷つくことを防止することができる。

これらの特別な授業以外にも、里親家庭で暮らす子どもが学校や地域で直面する課題があるかもしれない。さらに、ライフストーリーワークを進めていくうちに子どもが学校で家族についての発言をして周囲を驚かせたり、急に不安定になることもある。些細なことでも特別に配慮をしてもらう前に里親に連絡をしてもらえるよう、日頃から関係性を構築しておくことが必要となる。

④ 里親家庭から自立するとき（進路選択時）

ライフストーリーワークは、進路を決定する時にも活用することができる。これまでの歩みを確かめながら、これから自分が主体的に人生設計していくうえで、改めて親の状況を把握し、将来のプランを立てていく。特に、社会的養育の子どもが一人暮らしを始めるにあたって孤立しないよう、頼りになる人や場所、親との関係性や距離感を考えるきっかけとなる。

❷ どのようなやり方があるのか？

ライフストーリーワークは子どものニーズに応じてさまざまな場、状況において行うことができる。子どもの年齢やライフストーリーワークを行う人と子どもとの関係性に応じて決めていくべきである。ここでは、ライフストーリーワークを実施する場と人を軸に大まかに分け、現在日本で行われている以下の2つの実践形態を説明する。

① 日常場面型

　里親家庭など、子どもが暮らす日常場面で行うライフストーリーワークである。日常の中の些細な時間や場所で行う。

　例えば、テレビ等で家族にまつわる場面などを観ている時や子どもがふと「お母さんはどこにいるの？」「パパは元気？」などと聞くことがあるだろう。幼少の子どもの場合は、里親を生みの親と事実誤認していることが何気ない会話から読み取れることもあるかもしれない。このように聞かれると里親は驚き、さらに、子どもを傷つけないようにどのように答えたらよいのかという思いから答えに窮することが多いだろう。里親が不安なまま答えるのは得策ではない。そのため、その場で即答するのではなく、まずはその場ですぐに子どもの不安な気持ちや疑問などの「サイン」をしっかり受け止めることが大切である。その際、すぐに応えられないことに無理に応えようとせずに、「それはよく分からないから、児童相談所の人に聞いてみよう」と答え、おとながしっかり準備をしたうえで答えたほうがよい。

　さらに、委託されている他の子どもの親が面会に来るときや外泊、委託解除の際に気分が落ち込んだり、いつもとは違う行動を見せる子どももいるかもしれない。そのような小さな変化を子どものサインとしてキャッチし、子どものニーズとして児童相談所や里親支援機関などの支援者に伝えることも里親の重要な役割であり、ライフストーリーワークのきっかけとなる。

　また、日常的に準備できることとしては、里親や支援者が日頃から研修を受けて、心の準備をしておくこと、子どもの成長発達に応じて新たな情報を伝える時機を見極めること、日常的に子どもの成長を記録（写真・ビデオや子どもの作ったものを保管）しておくことなどが考えられる。

② セッション型

　特に、大きな事実を伝えるとき、虐待体験や被害体験などに強く焦点化する場合は上記のような、生活場面ではなく、特別の場と時間、支援者を設定するセッション型のライフストーリーワークを行う。支援者主導で、アルバム作りや年表作成、口頭説明などを、回数と目的を決めて行われることが多い。

　生活の場とライフストーリーワークの場を切り離すことで、子どもが切り替えをしやすくなる。つまり、虐待などの負の体験が生活の場になだれ込んでこないことがポイントである。

　多くの子どもの場合、日常場面型のライフストーリーワークを少しずつ積み重ねておけば、思春期や措置解除前になってあわててセッション型のライフストーリーワークで多く

の情報を伝達する必要はない。さらに、幼少時からサインを出していたにもかかわらず、長年放置されたことで自分の成育歴や家族のことをネガティブに捉えてしまうという事態を防ぐこともできるだろう。すべての関係者がライフストーリーワークの視点をもって日常の養育にあたることが大切である。

❸ 事前準備と情報収集

① 情報収集

ライフストーリーワークを行う前には、いくつかの準備が必要である。

ケースファイルや記録を再度読み直し、整理すること。さらに、新たな情報が必要な場合は、フィールドワークで関係者から聞き取りをしたり、最新の住民票などの行政文書等を取り寄せる必要があるかもしれない。後述する通り、改めて親や家族に聞き取りを行う必要性があるかもしれない。

② ライフストーリーワーク計画会議

また、実施前は、関係者間での協議を行う必要があるかもしれない。例えば、「ライフストーリーワーク計画会議」などを行い、関係者間で子どもの現状（知ってること／知らないこと）、支援者側が今伝えるべきだと思っていることや、将来的に伝える必要があると思っていること、さらにはリスクや子どもが不安定化した時の対応などを十分共有しておくべきである。さらには、役割分担についても十分話し合っておくべきである。例えば、日常場面でニーズをキャッチするのは里親、セッション型で新たな情報を伝えるのは児童相談所の職員、またそのセッション前後のフォローは里親や地域など、それぞれの強みを活かした役割を決めておく。その後、ライフストーリーワークが進むにつれ、定期的に会議を開催するための取り決めも必要である。

▶▶▶実践上のヒント

子どもの情報が少ないためにライフストーリーワークの実施そのものを躊躇（ちゅうちょ）することがある。しかし、「情報がないことも子どもの情報」と捉え、子どもに丁寧に、しかし率直に伝えていく必要がある。脚色を加えるのではなく、そもそも「情報が残されていないこと」を伝え、それは残念だが起こりうることであると説明することで、問題の先送りを防止できる。さらに、子どもがそれでも情報がほしいという希望を持っている場合は、子どもと一緒に情報を探し出す努力をしてみることで、たとえ情報が得られなくとも子どもの納得につながることが多い。

③ 子どもが不安定になったら?

　ここまで説明してきたように、ライフストーリーワークで扱う内容は、子どもが受けとめがたい内容も含まれていることが多い。また、家族の話題に触れることそのものが非常にストレスフルな子どももいるだろう。そのため、子どもが一時的に不安定になることをあらかじめ想定しておき、ライフストーリーワークの開始前には、児童相談所などの各機関と事前に十分協議をしておく必要がある。一時保護や医療機関への受診などを含めて、不安定になった際の具体的な対応も含めて話し合っておくべきである。

3. ライフストーリーワークを実施するにあたっての協力体制

❶ 情報の宝庫である親へのアプローチ

　ライフストーリーワークをいざ始めてみると、さまざまな関係者に連絡を取り、情報収集をする必要がでてくる。特に、多くのケースでは、生みの親が出生時や幼少期のエピソードや写真をもっていることから、支援者は可能なかぎり連絡を取ろうと努力するだろう。そうすると、長年連絡が取れなかった子どもの家族と連絡がつき、そこから交流が再開することがある。また、施設入所を知らされていなかった祖父母と連絡がつき、措置解除後につながる関係性を築くことができる場合もある。

▶▶▶実践上のヒント：ライフストーリーワークをすることはケースワークを動かすこと

　日本では、司法関与によって措置が決定するケースが非常に少ない。そのため、親の同意による入所が多く、措置解除についても親の意思が強く影響を及ぼすために見通しが立てにくい。子どもがこれからの生活を考えるうえで引き取りに対する親の意思確認は非常に重要である。ライフストーリーワークを行う前には児童相談所が親と連絡を取り合い、それまであいまいになっていた措置期間についても「小学校卒業までは里親宅で暮らす」など今後の方向性について同意しておくべきである。

❷ 里親支援機関との連携

　より身近な存在である里親支援機関のワーカーとのライフストーリーワークは今後発展する領域である。すでに英国などでは、民間里親支援機関にライフストーリーワークを専門とする部門や専門職が配置されている。日常的に顔の見える関係の専門職がライフス

トーリーワークを行ったり、実施する里親を支えることは、子どもにも里親にとっても安心できるといえる。これについては、本章の後のコラムを参考にされたい。

❸ 実子へのケア

　ライフストーリーワークの観点から実子へのケアについて論じられることはこれまで少なかった。しかし、里親家庭の実子にとって、委託される子どもとの関係は、ともすれば里親と里子の関係よりも濃密で重要な意味を持つことが少なくない（➡第3章参照）。委託されてきた子どもを受け入れ、また、送り出す過程が繰り返される場合も多く、実子が混乱することも多い。さらに、周囲のおとなや学校・地域、友人から里子について聞かれ、実子が返事に窮することもあるだろう。そこで、実子とライフストーリーワークを行い、里親制度や里子について一定の説明をし、理解を求める必要があるといえる。幼少の実子には実子と里子の違いが分かりにくい場合もあるだろうし、少し年長の実子は措置解除された里子のことをおとな以上に気にかけている場合もある。このような多岐にわたる実子が抱える疑問や不安を解消するためにも、措置前後の実子に対する配慮の一環として、ライフストーリーワークを検討する必要がある。

▶▶▶実践上のヒント ：「カバーストーリー」

　ライフストーリーワークを行うと、多くの里親が「子どもが外でプライバシーに関わることを誰かにしゃべってしまうのではないか」と懸念するだろう。里親家庭で暮らすことは否定的なことではないものの、それを「誰に、どこまで、教えてもよいのか」というカバーストーリーを事前に里親子で共有しておくことが重要である。また、小さなノート等に簡単にそれをまとめておいてもよい。また、里子とともに暮らす里親家庭の実子に対する一定の説明と配慮の一環としてこのカバーストーリーを共有しておくこともよいだろう。

4. ルーツ探し／再会支援

　長期委託されているケースでは、親の記憶が全くない子どもとライフストーリーワークをすることがある。さまざまな情報を知ることで、子どもが実際に親に会いたいということがある。養子縁組家庭で暮らしている子どもが同様のニーズを発することがあり、その

支援が参考になるかもしれない。

　ここで、大切なことは、子どもの希望を聞いたうえで、可能性のあるリスクを子どもにも伝えながら再会支援を行うという点である。特に、「親が見つからない」または、「見つかってもコンタクトを拒否される」といったリスクがあることを事前に子どもに伝えておく必要がある。また、コンタクトの方法も手紙や電話など遠隔のものから直接会うなど、子どもと親が希望するものに合わせて、また、双方にとって無理のないペースで進めていく必要がある。

おわりに——今後の展望

　これまで里親家庭は、子どもの養育を一手に任されており、その過程で「真実告知」やライフストーリーワークに悩みながらも対処してきた。これからは、施設よりも孤立しやすい地域で生活するそれぞれの里親が、複雑な子どもと親のニーズに応えるために、専門機関と役割を分担しながらライフストーリーワークを含む支援をしていく必要がある。

　すでに述べたように子どものニーズをキャッチしたり、発掘するのは最も身近で生活する里親の役割であることは間違いないが、今後は児童相談所だけでなく、近年設立が進んでいる里親支援機関が地域に根づく専門職として里親がキャッチしたサインに対して細やかな対応をしていくことで子どものニーズにより早期に気づき、丁寧な支援ができるようになることを期待したい。

（徳永祥子）

▶参考・引用文献
　才村眞理、大阪ライフストーリー研究会（2012）「児童福祉施設／里親宅で暮らす子どもたちとライフストーリーワークをはじめるにあたって」
　才村眞理、大阪ライフストーリー研究会（2016）『今から学ぼう！ ライフストーリーワーク——施設や里親宅で暮らす子どもたちと行う実践マニュアル』福村出版
　山本智佳央、楢原真也、徳永祥子、平田修三（2015）『ライフストーリーワーク入門——社会的養育への導入・展開がわかる実践ガイド』明石書店

ライフストーリーワーク
──民間里親機関との連携

　里親養育には、子どもの人生を紡ぐ役割がある。

　それは、出会いから始まる子どもとの人生を一緒に歩むこと、子どもが歩んできた人生を一緒にたどり共有すること、そして、それらを保存してつないでいくことである。

子どもと人生を一緒に歩む

　里親委託に向けての初顔合わせには、子どもや里親はもちろんのこと、この時に向けて調整をしてきた児童相談所、施設をはじめとする関係機関の職員は皆、不安と期待を胸に臨む。里親は、少しでも安心してもらおうと子どもの好きな物、好きな遊びは何かと家族や関係機関等と一緒に考え、これから出会う子どものことに想いを馳せながら、あちらこちらの店を回って準備をしたプレゼントを持参する。この安心や親しみを感じてもらうための行為は、子どもが大切にしてきたものとそれにまつわるエピソードをつなぐことに他ならない。

　なぜそれが好きなのかについては、後に知っていくことになるが、これが出会う前の子どもが歩んできた人生を一緒にたどっていく最初の事象となり、そしてここから一緒に歩む人生が始まるのである。

　こうして初めて会った日のことはとても印象深く、里親やその場にいた関係者誰もの記憶に刻まれている。そのため、子どもとの幾日もの日々を重ねてから当時を振り返ると、人見知りによって大泣きをしているのにご飯はしっかり食べていた等、その子らしさのうかがえるエピソードを改めて思い出して、ほほ笑んでしまうことがあるのではないだろうか。

　このように子どもと里親が一緒に経験するほほ笑ましいエピソードは、日々の養育の中にいくつも転がっている。それと同時に子どもと里親が共にネガティブな感情を抱く事柄を経験することもいくつもある。これらすべてのエピソードは、子どもにとって大切な成長の記憶であることはいうまでもなく、困惑したエピソードも後々子どもと共有した楽しい思い出に変わり、里親の誰もが経験することである。

そして時を経て、これらの思い出を再び子どもと語り合える時間は、子どもにとっても里親にとっても嬉しいひと時であり、それがまた楽しい思い出となり記憶される。

　それから、子どもと歩む人生に忘れてはいけない大切な事柄がある。

　それは、子どもの人生には、同じ時間軸で歩む子どもの家族の人生が大きな影響を与えることである。そのため、里親や関係者は、家族の変化が与える子どもへの心理的ダメージを考え、伝えるべきか否かを悩む事象に幾度か出会う。

　そのような状況に遭遇した時には、養育者である里親はもちろんのこと、実親や親族をも含む関係者で子どもの年齢や状態を配慮し、タイミングや方法を熟考したうえで必ず子どもに伝えること、決して子どもの知る権利や大切な事象に向き合う時間を損なわないようにするように努めなくてはいけない。細やかな配慮や緊張を伴うであろうその場面と時間を共有し、子どもの表出する言動や感情を共有して記憶すること、将来子どもがその事象や自身が抱いた気持ちを思い起こすことのできるように形ある物を保存することが里親や関係者に求められる。

　そして、その影響を受けた子どもの変化に向き合いながら、一緒に歩む人生が続いていくのである。

子どもが歩んできた人生を一緒にたどり、共有し、保存する

　子どもとの生活が始まると、子どもが自然に発する言葉や行為から、これまでの生活や身についた習慣や文化がうかがえ、毎日が気づきや発見の連続となる。幼い子どものごっこ遊び等の様子からも、これまでの生活の様子や印象に残っている出来事がうかがい知れることがある。

　また、過去に経験した同じような場面に遭遇して、子どもから自然に出てくる思い出話を聞いたり、過去のことが懐かしく思い起こされ、以前に暮らしていた家や通っていた学校を訪ねたいと子どもから依頼されたりすることも少なくない。子どもの希望を受けて、行き方が分からないように遠回りをし、車窓から地域の様子を眺めて子どもの思い出話に

耳を傾け、心を寄せながらも複雑な気持ちを抱えた経験をもつ里親や関係者もいるであろう。その事柄を記録や写真に残すこと、例えばその場に落ちていた石ころ1つであっても持ち帰り保管すること等が、子どもがこれまで歩んできた人生を一緒にたどり、共有し、保存することとなる。

　そしてこれは、里親養育が続くかぎり終わりなく続き、宝箱に宝物を集めていくように、子どもの人生が豊かになっていくのである。

子どもの人生を紡ぐには

　一緒に経験した過去の出来事やその時の子どもの様子について、「こんなことあったよね」「そう、あの時、あんなことを言っていたよね」と養育者が話しているのを聞くことは、子どもにとって嬉しいことである。そこには、その時のことを愛おしく思って語る人の気持ちが存在する。そして養育者にとっても、子どもとの嬉しいエピソードや大変だった経験を共有した人たちと語り合えることは嬉しいことである。それは、子どもの人生を紡ぐと同時に自分の養育を認めたり振り返ったりすることのできる大切な時間となる。その同じエピソードにおける養育者の想いを子どもが後々知ることは、子どもの人生に深みを与え、将来の心の支えともなるのである。

　また、子どもが歩んできた人生を一緒にたどり、保存することにおいても、ただ事実を知ることが大切なのではなく、その場面や時間、感情を共有してくれるのに相応しい人（必ずしも養育者であるとは限らない）が必要で、その人のその時の気持ちを後々知ることがまた、子どもの人生にとって重要なのである。

　このように里親養育において子どもの人生を紡ぐ営みは、養育者である里親だけで行うものではない。その子どもに関わる関係者皆で紡いでいくのである。

里親養育における子どもの人生を紡ぐには、

　　①日頃からの子どもの育ちや里親養育の共有と保存

②子どもの大切な場面・時間・感情の共有と保存

③里親（里親家庭）の大切な場面・時間・感情の共有と保存

④生い立ちの整理等、様々な場面のタイミングや方法

⑤必要な情報や資源の収集とソーシャルワーク

⑥子どもの実親や親族を含む関係機関調整

⑦里親養育の包括的保存

などが必要である。

　これらは、日頃から子どもの育ちや里親家庭の状況を共有し、寄り添ったり俯瞰したりしながら里親と一緒に考えて養育を担い、関係機関との連携を図りながら必要なソーシャルワークを実施しているフォスタリング機関に求められることである。里親養育に子どもの人生を紡ぐ役割があるということは、里親養育包括支援に子どもの育ちを支える、子どもの人生を紡ぐ役割があるということに他ならず、大切な責務であることを忘れてはならない。

（吉川昭代）

第5章

家庭養護
（里親／ファミリーホーム）
にいる子どもと教育

Key Word

経験的学習／問題解決学習／モデリング／スモールステップ／教育的な雰囲気

1. 社会的養護にいる子どもたちの教育とは

　子どもに対する生活の中の教育における目的の1つは、「子どもの健やかな成長発達にとっての最善の利益である『自己実現など子ども自身が必要としている人間的な要求を充足するために、たえず自己変革していく人間性を形成すること』」であると考えている。家庭養護における生活の中の教育は、この目的を達成するために、一般の子どもへの教育と同様以上の内容を、委託された子どもに対して、その性格、特徴、発達、ニーズなどについて十分に考慮しつつ提供することが求められている。

　厚生労働省から公表された児童養護施設入所児童等調査の概要（平成30年2月1日現在）によれば、虐待を理由にして委託されている子どもの割合は、里親39.3％、ファミリーホーム43.4％であった。被虐待経験のある子どもの割合は、里親38.4％、ファミリーホーム53.0％であった。また、学業の状況について、遅れがある子どもの割合は、里親22.9％、ファミリーホーム37.6％であった。さらに、子どもの心身の状況について、何らかの障害等のある子どもの割合は、里親24.9％、ファミリーホーム46.5％であった。

　こうした結果を踏まえれば、一般の子どもであれば誰もが家庭や学校で受ける教育内容などについても、個々の状態に応じた特別な考慮や配意を払い、子どもを的確に評価しながら創意工夫した教育を提供していくことが必要である。

　つまり、個々の子どもについてのアセスメントに基づいて立てた計画（plan）・実行（do）・評価（check）・改善（act）というPDCAサイクル（plan-do-check-act cycle）などを踏まえながら、習得すべきあたりまえの内容をより分かりやすく丁寧に提供することが大切なのである。一人ひとり子どもの状態を十分に考慮しつつも、子どもの育ち・育てなおしやその子どもらしさ、特徴などに重点を置いた教育を展開することが重要と言える。

　これまで安心感・安定感のある生活を通して、あたりまえのような平凡な生活の心地よさを感じた経験の少ない子どもにとっては、安定した日常生活を送ることを通して、個々の子どもの状態に応じた味わいある教育を展開することが必要であろう。

❶「ありがとう」「ごめんなさい」から始まる中途からの生活の中の教育

　里親家庭やファミリーホームは、子どもを温かく迎え入れるために、物理的な環境整備とともに、例えば新たに誕生した家族を迎え入れるような心理的な準備をすることが大切である。一般的には生みの親が赤ちゃんに「生まれてきてくれてありがとう」という感謝の気持ちを伝えるのと同様に、里親家庭やファミリーホームにおいても、「わが家に来て

くれてありがとう」という感謝を伝えることが大切である。

　このような感謝の気持ち、すなわちその子どもを大切な存在として尊重し受け容れる姿勢や態度によって迎え入れ、子どもに安心感・安全感を与えられるように、家族のメンバーが自身を繕わずオープンにふれあい、リラックスした雰囲気の中で、その子どもを包み込むような温かで自然なコミュニケーションを図ることが重要である。

　また、里親家庭やファミリーホームは、迎え入れた時からその子どもの全体性について十分に理解できているとはいえない。そのために、その子どもの性格や特徴、あるいはニーズなどについて適切な応答や対応ができないことは明らかである。したがって、里親家庭やファミリーホームは、徐々に相互理解を深めながら関係性を構築しつつ適切な対応ができるまでの間については、不十分な対応になってしまうことについて「ごめんなさい」という謝罪の気持ちを伝えることも重要である。

　里親家庭やファミリーホームは、こうした子どもが安定して生活できる心理的環境を整備し提供することが不可欠である。これによって、はじめて子どもは安心感・安全感・信頼感などを獲得し、教育を受けるレディネス（準備性）を形成するのである。子どもに対して安定した生活を保障し、安心感・安全感・信頼感を形成しつつ実施しているのが、生活の中の教育である。

　それとともに、こうした里親家庭やファミリーホームの子どもと向き合う姿勢や態度そのものが、子どもに対する生活の中の教育そのものである。

　子どもの存在そのものを肯定し尊重している象徴的な言葉といえば、「ありがとう」と「ごめんなさい」である。日常生活の中で、子どもが朝起きて「あいさつをする」「カーテンをあける」といったふつうのことあたりまえのことを行い、行ってくれたら「ありがとう」と感謝の意を伝え、ほめることが大切である。

　日常生活の中で、子どもたちは施設でケアワーカーをしていた筆者に対しても挨拶をしてくれた。そういう時には挨拶を交わした後に「元気をもらったよ、ありがとう」といった言葉で子どもの挨拶に対して感謝し、称賛するようにしていた。また、子どもたちは毎日掃除をしてくれるのだが、その後には「きれいになったね、ありがとう。今日も気持ちよく生活できるね」といった感謝と賞賛をするようにしていた。

　現在、社会生活を営んでいるある退所生が、心に残っている言葉について次のように語ってくれている。

　「先生は『ありがとう』とよく言ってくれる先生でした。あたりまえのことをしても『ありがとう』、言われてやったことに対しても『ありがとう』。私も小さなことでも『ありがとう』と言うようにしています」。

　良いこと優れたことではなくても、ふつうのこと、あたりまえのことができるようにな

ることが、生きていくうえでは必要であり、人としての存在を貴び敬う態度である感謝と賞賛をすることが重要なのである。生活の中でのふつうのことに感謝しほめるのであれば、いくらでもその機会は得られるのである。

　また、里親が、間違った対応はもとより、至らない対応や配慮に欠いたまずい対応をとってしまった場合には、相手の存在を大切にしていることを意味する謝罪や謝意を本心から明言することが大切なのである。こうした里親など共育者の感謝や謝罪は、子どもの基本的生活技術の獲得とともに、子どもとの関係性を深め、子どもの自己肯定感や自尊感情を育んでいくのである。

　これこそが生活の中の教育（共育）なのである。

❷ モデリング（観察学習）

　例えば里親などの対象をモデルにして、その対象の言動や態度を見て、同じような言動や態度をとるのがモデリング（観察学習）である。「学ぶ」という言葉は、本来「まねて、すること」であると言われているように、生活の中の教育においても、養育者が生活の中で子どもに見せていることが、そして子どもがまねることが「学び」だという考え方である。

　子どもに慕われ信頼されている養育者の言動は子ども、特に幼児など年少の子どもに与える影響は大きい。例えば、養育者は、どの子どもに対しても、人に何か迷惑をかけたら「ごめんなさい」という謝罪の言葉を言いなさいと教える。確かに何か迷惑をかけたら誰にでも「ごめんなさい」という言葉で謝りなさいと教えることは問題がないように思える。しかし、誰に対してもどのような行為に対しても同じように「ごめんなさい」という言葉を言えばよいという問題ではない。誰に対してもどのような行為に対しても同じように謝罪の言葉を言うのであれば、形式的なものになりかねないからである。そうならないためにも、子どものモデルとなる里親は、誰のどのような行為に対して、頭を下げて申し訳ないといった謝意を込めた態度で謝罪の言葉を述べるのかということが大切になってくる。

　里親は、その子ども一人ひとりの言動の内容に応じて、誠意のある適切な謝罪を言うことができているのであろうか。そのためには子どもに対する奥深い理解が不可欠である。その子どもの言動の背景にある思いへの気づきや理解なくして、子どもの心に響く誠意ある謝罪をすることはできないのである。子どもの心に響く謝罪は、子どもと里親との日常的な親密なふれあいの積み重ねを通して、一人ひとりの子どもをかけがえのない大切な存在として尊重し、温かなまなざしを注ぎ、子どもの許容や遠慮などに気づき、理解を深めることによって、はじめて可能になるのだと思う。

　このような里親の姿勢や態度こそ、観察による学習そのものである。間違ったり、迷惑

をかけたりした際に誠意ある謝罪をする里親の態度は、子どもが謝罪という気持ちや態度を育てるモデルとなる。と同時に、こうした子どもの存在そのものを肯定し尊重する里親の継続的な態度は、子どもの自己肯定感を育むことに結びつくものである。

▶▶▶実践上のヒント

里親が子どもへの感謝や謝罪の気持ちを育てるためには、この生活が子どもの遠慮や許容に上に成り立っていることを自覚すること。本来であれば謝罪してもらいたい内容であっても、一生懸命世話をしてくれている人なので、子どもは遠慮したり黙って許容したりしている場合があるということを認識することが大切である。このような状態を改善するために、子どもの意見表明を支援する独立アドボカシーなど（➡第１巻第９章を参照）を利用することが必要である。

❸ 子どもの学習を支える教育的な雰囲気

生活の中の教育において雰囲気は重要な役割を果たしている。教育的な雰囲気は、子どもに直接言語などによって学習を強いることはなく、学習をさせられているという意識を与えることが少ない。また、温かな信頼のまなざしで包含されているような教育的な雰囲気は、子どもからの反抗や拒否といった態度が生じにくく、学習活動を後押し、自然のうちに影響を及ぼすといった重要な機能をもっているからである。

ドイツの教育哲学者オットー・フリードリヒ・ボルノウは、「教育を支えるもの——教育関係の人間学的考察」の中で「『教育的雰囲気』とは、教師と児童の間に成立し、あらゆる個々の教育的なふるまいの背景をなす情感的な条件と人間的な態度の全体を意味する」と定義している。そのうえで「子どもから見て、教育を支える一連の雰囲気的条件の最初に位するのは、子どもを保護する家庭環境である。そこには、信頼され安定感を与える者から放射される感情がみちている。子どもがそこでいだく信頼の感情は、すべての健全な人間的発達にとって、したがってまた、あらゆる教育にとって、まず不可欠な前提なのである。このような雰囲気の中心からのみ、子どもに対して、世界は、意味をおびたその秩序を開示してくれるのである」と述べ、子どもの教育を支える雰囲気とは信頼感や安定感を与える家庭環境であると言明している。子どもの健全な発達成長にとって子どもに包み護られているという被包感をいだかせる雰囲気が重要であることを強調しているのである。

家族の雰囲気は、たとえて言うならば、炭火のような雰囲気になっていることが望ましい。やさしい、包み込むようなぬくもりのある炭火で、虐待など不適切な養育を受け、支援なしでは火（いのち）を赤々と灯すことができない炭（子ども）に、さりげなく寄り添いながらゆっくりと暖め、安心感・安全感・信頼感を与えるような家庭的な雰囲気、ホッと

一息つけるようなやすらぎを与える安全基地のような雰囲気になっていることが大切なのである。

　教育的雰囲気づくりに重要な役割を担っているのが家庭内の人的環境であるといえよう。家庭で生活している里親や子どもなど、家族における個々の生活や学習の背景をなす情感的・人間的な態度の相互関係から生まれるもの、つまり家庭で暮らす家族一人ひとりの相互の情感的な関係から醸し出されている雰囲気の役割は大きい。

　雰囲気は、日常生活において、意識されずに人間に影響を及ぼしていることのほうがはるかに多い。校風とか社風とかいうものを考えれば分かるように、長期間、その学校や会社で生活を送っているとその集団の雰囲気を享受してしまい、自分がその雰囲気に影響を受けていることに全くと言っていいほど気づかなくなる。

　したがって、まずもって養育者一人ひとりが子どもとの生活教育や学習活動を真に楽しむことが大切である。養育者やその家族が子どもたちといっしょに楽しみながら学習をしているという雰囲気を醸し出している時、子どももその雰囲気の中でひとりでに学習活動をすることができるようになっていく。

　そして、里親をはじめとして、子ども一人ひとりの能力や人間性を最大限に高めていくことに対して、可能なかぎり責任を果たそうとする、あるいは支援しようとする家族の態度や意欲を醸し出している里親家庭全体の雰囲気は、子どもの学習活動を後押しし知らず知らずのうちに影響を与え、一人ひとりの子どもが学習を主体的に取り組み、問題や課題を解決しようとする姿勢や態度を形成していくのである。

2. 家庭において留意すべき子どもの教育とその支援

❶ 学習レディネスの形成

　生活の中の教育を効果的に展開するためには、子どもの学習意欲を高めるなど、主体的に学習するためのレディネス（準備性）を形成することが大切である。自主的に学習課題と向き合う学習意欲・態度が形成されなければ、子どもの学習効果は期待できない。したがって、子どもが自発的に学習課題と向き合うための学習レディネスや学習習慣などを身につけられるように生活の中の教育を実施していくことも大切なのである。

　学習意欲のない子どもに意欲を生起させるのは、養育者の学習支援意欲である。学習への興味関心のない子どもや学習意欲のない子どもなどの場合、養育者の子どもに対する学

習支援意欲・関心こそが子どもの学習意欲を推進する活力となるからである。養育者の子どもに対する持続的な意欲・関心がなければ、不信感のある子どもとの関係性の構築は望めず、効果的な学習支援は展開されない。したがって、養育者は子どもへの意欲と関心をもち、真摯に向き合って、学習支援を粘り強く行い続けることが必要なのである。

　日常生活場面でも子どもが質問してきたら、適時適切に応答することが重要であると同じように、教科学習など自主的な学習支援場面でも、質問に対して適時適切に応答するという取り組みを行うことが大切である。これによって子どもと養育者との関係性は深まるし、子どもが大人との信頼関係を形成するうえでプラスの影響を与えることになる。

　分かる体験には自己効力感を育むなどさまざまな効果があり、子どもの成長に非常に大切な経験であると言われている。社会的養護にもとで生活してきた分かる体験が乏しい子どもに対しては、簡単な問題や課題であっても分かる体験を積み重ねることは、子どもの学習意欲を引き出し、学習効果をあげることにつながるのである。今までよい成績表などをもらっていなかった子どもが、よい成績表をもらうことによって喜びを感じるとともに、自己肯定感を形成することに結びついている。

　したがって、里親やファミリーホームと学校が密に連携・協働して学校教育及び学習支援を行うことが極めて重要である。

❷ 生活の中の経験的学習

　教育学者であったペスタロッチが提唱した「生活が陶冶する」からも分かるように、朝起きてから夜眠るまでの1日の生活の中で展開されるさまざまな経験が子どもの学習になっている。

　日常生活の中で、子どもは、見る、触れる、着る、話す、聞く、動かす、描く、作る、育てるなど対象に対して直接的な働きかけ及びそれに対する応答や反応といった相互のやりとりを通して学び、学び合っているのである。具体的には、動物や植物を育てるといった自然体験や買い物や預金をするといった社会体験など、生活に根ざした具体的な相互のやりとりを経験する学習を積み重ねることによって、その子どもが有している潜在的な能力や可能性などを引き出し、子どもは成長発達していくのである。

　家庭生活に根ざした具体的な問題や課題の解決にむけた教育を展開するように留意すべきである。なぜならば子どもの実生活から切り離し、形式化された観念的な内容について、子どもが学習しても、生活を営んでいくためにはほとんど役には立たないと思われるからである。

　人に対してはやさしく親切な態度でふれあわなければいけない、と子どもに観念的に教えたところで、実生活では役に立たないであろう。なぜならば具体的な場面ではやさしく

親切な態度といってもどういう態度をとることがその対象が求めている、あるいはその対象にとって最も望ましい態度なのか迷うことが実に多いからである。

　例えば、親友が少々困難な問題の解決に向けて取り組んでいる時に、相談にのり具体的に協力すべきなのか、力をつけるためにも1人で解決できるように見守るべきか、子どもは具体的な場面では迷うことが常なのである。この問題の解決を図るために、その子どもは、これまでの親友の生き方、性格、能力などについて深く考えながら迷い悩み、判断するために時間をかけて総合的に熟考したうえで、その対応について判断しようとするであろう。したがって、生きた具体的な問題に対する正答は1つにはならないのである。

　このような具体的な生きた問題へ真剣に向き合い、その解決に向けた主体的な取り組みを積み重ねることによって、子どもは持続力やねばり強さを形成するとともに、問題を多面的総合的に把握し、冷静沈着な状況判断や柔軟性のある臨機応変の対応をとれるようになり、主体的な決断を下すこと、すなわち自己決定ができるようになるのである。

　まさに、こうした日常生活において直面する深刻さや切実さを伴った具体的な問題を解決していく過程、あるいは人間としてのあり方・生き方に関する問題など解決しきることのない発展する問題の解決へ向けての不断の取り組み過程において見られた苦悩、葛藤、熟考、理解、評価、判断といった能力や態度によって、人は、知的な面も、道徳的な面も、心情的な面も育成されていく。つまり、社会生活を営むのに必要な問題解決力や生きる力を個性的に育成していくのである。

　健全な社会生活を営んでいくためには、子どもは、よりよい創造的な問題解決をするに必要な力量や態度を身につけていくことが必要不可欠である。このような問題解決力を身につけていくためには、子ども一人ひとりにこのような生きた具体的な問題解決への取り組みの機会をできるだけ多く作ることが必要である。

　里親及びファミリーホーム養育指針では、

・里親等が提供する養育だけが、子どもの心身を安定させ、成長させ、生きる力を増進させるのではなく、里親等と里親等家族の存在、家族間の関係、食事、生活習慣、余暇の過ごし方などあたりまえの生活や親族・友人・地域との関係など里親等家庭での暮らしそのものが子どもを育むことを理解する。
・子どもはこうした生活を通して将来の社会生活や成長して、家庭を作る場合に役立つ技術を身につけ、家庭生活のモデルを形成することができる。

と述べられている。

　日常生活の中で展開される家事の手伝いなどを通して、子どもの主体的な学習に結びつ

けていくことが大切である。

　例えば、食事づくりであれば、どのような順番でおかずを作っていけば食事の際に温かい料理を美味しく食べることができるのか子どもに考えてもらうとか、洗濯であれば、洗濯物をどのように配置して干したら乾きやすくなるのか考えてもらうとか、歯磨きであれば、いつどのように磨いたら虫歯にならないのかなど、子どもに考えてもらうことが大切なのである。

　子どもからはいろいろな方法やアイデアが出てくる。そうしたら、実際にその方法やアイデアに基づき、実行してもらい、その結果を評価して改善につなげていくという経験的な学習を展開することが重要なのである。日常生活場面において、このような子どもの主体的な経験的学習を積み重ねていくことが、子どもの健やかな成長発達に結びついていくのである。

　生活の中の教育というのは、このような生活に密着した問題を取り上げて、子どもが主体的に検討し、具体的・実践的・体験的に学習していく営みである。

▶▶▶実践上のヒント

　家事の手伝いをしてもらう時は、子どもをほめることはもとより、子どものアイデアなどをいかして、生活の豊かさにつなげていくことが大切である。ある子どもは、竹を利用して箸置きや花瓶などを作ってくれたので、食事の時に使用することによって食卓が豊かになった。子どもはとても誇らしげな顔をしており、自尊感情を高めることにつながった。

　生活の中の教育というのは、暮らしの豊潤さや快適さなどを追い求める中で創り出されていく活動や創意工夫した営みそのものでもあるとも言えよう。

Episode

　ある子どもが本を見て設計図を書き、すてきな花台を作ってくれたので、それを使って部屋に鉢植えの花を飾った。本人は学校から帰ってくると忘れずに水をあげるようになったのである。その後しばらくすると、鉄板で表札を作りたいというアイデアを出してきたので、作ってもらった。それからというもの、子どもは「生活環境の快適さ」や「住みやすさ」などアメニティについて心がけてくれるようになり、種々の本を読みながらアイデアを出しオリジナルなものを作るようになっていったのである。

　このような体験は、子どもの生活意欲や学習意欲を喚起するとともに、子どもは、自分

も家族に喜んでもらえた、役に立った成功体験から、家族への帰属意識などが育ち、ともによりよい生活を創り出そうとする前向きな学習活動につながっていくのである。

❸ つまずき・失敗と問題解決学習

　人生においてつまずきや失敗はつきものである。一生の間で成功よりも失敗を多く経験する人は少なくないといっても過言ではなかろう。まして子どもであればなおのこと、日常生活の中で、数多くのつまずきや失敗を経験するのである。子どもがそのひとつひとつの体験を大切にし、生じた問題を主体的に解決できるように、里親家庭やファミリーホームは支援することが重要である。その克服体験の積み重ねによって、子どもは、つまずき・失敗から生じた問題や課題に対する向き合い方を学習するのである。また、子どもは、その取り組み過程において、解決方法などについての学習とともに、自己統制力や自己調整力、主体的に判断し自己決定する力などを形成していく。さらに、こうした問題解決学習の結果、自己責任感、自尊感情、自己変革していく力量や人間性を形成していくのである。

　子どもの健やかな発達成長を保障していくためには、**養育者は、子ども自身による自分の意思や考えに基づいた自己選択・自己決定を尊重して、自己調整力や自己肯定感、自己責任感などを育みつつ学習支援することが重要**である。幼少期から、子ども自身が遊びや活動などを通して、自己選択・自己決定に基づいて行動するように支援していくことが大切である。養育者は、「どうしたいのか」「どうすればうまくいくのだろうか」「何をしたらよいのか」など、子ども自身にじっくりと時間をかけて考えてもらい、自分の意思や願望などに基づき自己選択・自己決定を促すような支援をすることが大切である。また、養育者は、子どもが自己決定に対して自己責任を果たせるように、学習していくための支援も大切である。

　また、教育において、養育者は、子どもがつまずいたり、失敗したりしないように、必要な情報などを入手して考え取り組んでいく学習の機会を提供することが重要である。日常生活の中で繰り返されるこのような学習過程を通して、子どもは成長発達していくのである。ただし、このような学習過程を通して力量形成したからといって必ずしもつまずきや失敗しないとは限らない。むしろ人生において人はつまずきや失敗することのほうが多いのかもしれない。いやそれが現実であろう。だからこそ子どもの未来は明るいといえるのではないだろうか。

　子どもがそのつまずきや失敗に真摯に向き合い、その課題について熟慮熟考し、解決に向けて取り組み続け乗り越えていく過程にこそ、子どもの発達成長の鍵はある。したがって、**養育者は、個々の子どもの学習意欲や取り組み姿勢などを評価しつつ、あきらめるこ

となく粘り強く支援し続ける生活の中の教育を展開することが重要なのである。

　このような日常生活における学習過程を通して、子どもは、自己決定力や自己責任感はもとより、自己理解力、自己調整力、自己統制力、問題解決力、自己肯定感などの形成を図っていくのである。

　そのため、里親等は、子ども自身が、遊びや自然とのふれあい、あるいは学習などについて、自己選択・自己決定に基づき主体的に楽しんで取り組むことができるように、幼児から高校生までの年齢段階に応じた図書や参考書などの教材教具や、自主的に楽しく遊ぶための遊び場・遊具、あるいは自然環境などを整え、充実していくことが求められている。

　また、子どもの発達を保障するためには、有効な社会資源を積極的に活用することも大切である。里親であれば保育所や幼稚園、あるいは子育て支援事業などを活用したり、施設であっても幼稚園を活用したり、子どものニーズに応じた特別支援教育や学習ボランティアなどを活用することも検討すべきである。

　さらには、新たな取り組みや失敗などを通して成長するためにも、子ども自身が好きで自主的に打ち込める活動、アルバイトやボランティア活動などを経験させていくことも必要である。

　ファミリーホームにおいてはグループでつまずくこともある。グループでつまずいた場合には、グループでの問題解決を通して、謙虚にお互いに学び合い、協同的に取り組む態度や力量を形成できるように、里親家庭やファミリーホームは支援することが大切である。子どもは、子ども間で相互に自己主張し合い、歩み寄ったり譲り合ったり折り合いをつける経験の積み重ねによって、他者との付き合い方や生活ルールの重要性などについて学習していくのである。

　子どもは、つまずき、失敗して生じた事態を乗り越えるために悩み考え抜き、試行錯誤しながら粘り強く対処し、解決が図られていく過程を通して、教え込まれた表面的な知識ではなく応用が可能で生きて働く知識、自立的に生きていくために必要な能力や人間性を育成していく。言い換えればその資質や能力は問題解決を媒介にして育成されるのである。

　したがって、子どもには小さな失敗を数多く経験してもらうことが大切なのである。子どもが失敗に対する自己認識を深めつつ、その失敗を予防するための学習が重要なのである。

　例えばボールで相手にけがをさせるといった失敗において、その失敗に対する認識（説明責任）、失敗した結果に対する認識（賠償責任）、失敗の発生メカニズムに対する認識（再発防止責任）という3つの側面から認識すること（3つの自己責任をとること）が、心理的自立（自己決定・自己責任）の観点からは、大切なのである。

　子どもの失敗に対する認識においては、その行動が不適切なものであったという認識を

持ち、相手に分かりやすく説明する責任を果たすことができるか否かということが評価の基準になる。

　失敗の結果に対する認識とは、自分が行った失敗の結果、相手を傷つけてしまい、責任をとらなければならないという認識である。自分の失敗と向き合うための取り組みである。相手が納得する方法で後始末をして責任を果たすことの認識である。

　失敗の発生メカニズムに対する認識とは、失敗の発生を防止する責任を果たすために、問題が発生する場面やその発生する背景について認識することである。

　このような失敗しても後始末をする体験を積み重ねていく過程の中で、自分自身の振り返りなどを通して、子どもは、子ども自身の中に内的なコントロールやサポート機能を獲得しながら、自己認識を深めつつ自己肯定感を形成し、成長していくのである。できるだけ個々の子どものつまずき、失敗を確保して、それをどのように自分で問題解決ができるかという、自己責任が取れるように、問題解決力を高めていくような支援を考えて行うことが重要なのである。

　このようなつまずきや失敗による問題解決学習をするためには、里親は、後手を引く姿勢を持たなければならない。なぜならば子どもに後始末をさせることを保障しなければならないからである。

　先手を打つ姿勢とは問題を発生しないようにする予防的対応を意図している。後手を引く姿勢とは、問題を表出させて後始末をする教育的対応を意図している。どちらも必要であるが、子どもの自立に必要な力を育成するといった目的を達成するためには、子どもに後始末をする課題に取り組んでもらうことのほうがより効果的ではないだろうか。

▶▶▶実践上のヒント

　どのような状態になるとトラブルを起こして、手を出してしまうのか、そういう問題発生場面を子ども自身に検討してもらう。類似した問題が3回起きると、面構造になるので、どういうような状況になると自分はそういう問題を起こしてしまうのか、子ども自身の中で検討することができやすくなる。できるだけ問題発生状況の情報を子どもにフィードバックして、1回目、2回目、3回目のそれぞれの問題発生状況を関連づけて、養育者がサポートしながら子ども自身に自主的に検討してもらう。そうすると、予兆とか前兆などに気づくことができはじめる。「ああ、俺はこういう時になると黄色になるんだな。こんなになるともう赤になっちゃうな」というように子ども自身に気づいてもらう。また、危険を示す黄色信号になった時、安定を示す青色に戻すためにはどうしたらいいかということを子ども自身に考えてもらう。その時に役立つのが、子どもの持っている強み（Strength）である。子どもの持っている強み・長所

> を活用しながら、黄色になった時にはどのようにして青色に戻したらいいのかという
> ことを、子ども自身に生活場面の中で実践してもらう。しかしながら、いきなり成功
> するわけではなく、失敗・成功をくりかえす中で、やがて失敗を乗り越え成功してい
> くようになる。

❹ 個々の子どもの発達や能力に応じた教育（個別学習）

　個々の子どもの能力や学力に応じた個別的な学習支援を展開するうえで、前提的な課題
は、前述したとおり、子どもに学習レディネスを形成してもらうことである。学習を自主
的にする体制や受ける体制、つまり**学習意欲・態度が子どもの中に形成されていなければ、
学習支援をしても効果はあまり期待できない。**養育者は子どもが自発的に学習できるよう
な習慣を形成していくことが大切である。

　年少の子どもであれば、養育者が毎日興味のありそうな本の読み聞かせをすることによ
って、子どもは本に興味を持ち、読むようになるかもしれない。

　就学している子どもの中には、分かる体験を積み重ねてきた経験を持てずにきた子ども
が少なくない。しかしながら、子どもは分かりたいという気持ちを持っている。したがっ
て、分かる体験を積み重ねると、子どもは非常に喜ぶ。そのためにもその子どもの学力に
応じたスモールステップによる分かる学習を継続的に展開していくこと、あるいは実施可
能な個別学習計画を立て、それに基づいて学習に取り組んでいくことが必要である。それ
らを通して、子どもが学習意欲や態度を身につけていくこととともに、基礎的な学力の向
上を図ることが肝要である。

　基礎学力の向上を図るからといって、主要 5 科目すべての科目について同じように取り
組めばいいかと言えばそうではない。学力が遅れている原因について実態把握・評価する
ことが必要である。

　筆者が施設のケアワーカーをしていた時に、子どもたちに、「ある人は施設から 5 キロ
歩いたところで雷が鳴り、激しい雨が降ってきました。それにもかかわらず、5 キロ歩き
ました。ある人は施設からどのくらい離れたでしょうか」という問題を出したことがある。
正解は 10 キロであるが、数人の子どもは施設から 0 キロという答えを出したのである。
その理由は、「それにもかかわらず」という言葉の意味が理解できていなかったために、
雨が降ってきたから戻るということを考えて答えを出したというのである。同じ子どもた
ちに 5 ＋ 5 ＝ という問題を出したところすべての子どもが 10 と答えたのである。

　すなわち、間違った子どもは国語力が弱いということである。国語力が弱いために、算
数など他の教科内容の理解することが困難になっているのである。こうした実態が把握で
きれば優先的重点的に取り組むべき教科は国語であり、その子どもの実態に応じた個別学

習計画を立てて効果的な学習活動を展開することが可能になるのである。

　また、日頃から学校の教師と十分な情報交換を図り、常に個々の子どもの学習意欲や学力などを把握し、その状態や発達に応じた個別的な学習支援を展開していくことが求められている。また、学習支援場面では、生活場面でも子どもが質問したら、適時適切に応答することが重要であると同じように、ひとつひとつ質問に対して適時適切に対応することが大切である。

　里親やファミリーホームスタッフは、子どもが委託される前に通所・通学予定の保育所や学校に児童相談所の担当児童福祉司など関係者とともに訪問して、園長、校長をはじめ担任との会議を持って、家庭養護に対する理解、子どもの意向を尊重した子どもの呼び名、「生い立ちについての授業」への配慮や具体的な対処方法などについて、確認しておくことが必要である。

Episode

　「授業の一環として行う『自分史作り』は私の悲しみに更に拍車をかけました。『名前の由来は？』とか『生まれた病院は？』と聞かれても答えようがありません。自分の中で幾度もの葛藤がありましたが、私は思いきって担任にも校長にも自分が『里子』であることを話し、『自分史作り』は止めてほしいということを伝えました。返された言葉は『名前の由来は自分で適当に考えて書けば良い』ということでした。私にはそんなことはできません。だって……自分の名前は実親が私に残してくれた大切な物。だから私はいつも、その部分は白紙でしか出せませんでした。」（『里親家庭　私の体験』より）

　委託された子どもに対して、このような対応はあってはならない。このような事態を予防するためにも、学校など教育関係者との連携を日常的に築き情報共有しておくことが重要である。

▶▶▶実践上のヒント

　一人ひとりの子どもに応じた学習支援を展開していくためには、例えば学習ボランティアあるいは学習塾（教育費で対応可）など社会資源を有効活用して、子どもの個別学習ニーズに対応すること。

　また、発達障害のある子どもに対しては、障害の種類・程度や発達の程度に応じて専門機関等との連携に配慮しながら、構造化による学習支援などその子どもに応じた一貫した個別的な特別支援教育をチームによって行うことが必要である。

▶▶▶**実践上のヒント**

　発達障害のある子どもに対する学習支援であっても、乳幼児期の子どもへの学習支援のようにやさしく丁寧に手間暇かけて行うこと。新しい学習課題に取り組むことに不安を抱いている乳幼児期の子どもに対して、養育者は、まず、不安を拭うように愛情をもって、できそうな簡単な課題を、いくつかのパーツに細分化して、絵、カード、映像などを使用して分かりやすく説明する。次に養育者は、子どもと一緒に行いつつ、その子どもの個性や能力などに応じて補助器具などを用いて介助しながら、できたらすかさずほめ、何回も練習させることによって、新しい学習課題の達成につなげていく。障害のある子どもであっても、こうした乳幼児期の子どもに対するアプローチのように、スモールステップによる分かりやすいていねいな支援をすれば、間違った対応にはいたらないと筆者は考えている。

3. 子どもへの進路支援

　児童養護施設入所児童等調査の概要（平成30年2月1日現在）によれば、里親やファミリーホームに委託された子どもの今後の見通しについては、里親もファミリーホームも「自立まで現在の里親家庭で養育」が最も多く68.7％であった。すなわち、約7割の委託された子どもが里親やファミリーホームから自立していく見通しなのである。

　また、里親委託を受けている18歳到達後の子どもが有する課題について、全国の里親会が回答した内容を集計した「社会的養護対象の0歳児〜18歳到達後で引き続き支援を受けようとする者に対する効果的な自立支援を提供するための調査研究（総合アセスメント及び自立支援計画・継続支援計画ガイドラインの作成）報告書」によれば、その課題としては、「基本的生活の確立、社会生活スキルが十分でない」と「退所後の生活費が確保できない」が最も多く52.8％であった。次いで「障害（精神・知的・発達障害等）に配慮が必要」が47.2％であった。

　また、里親が自立支援を行う際に生じている課題としてあげたのは、「里親の知識、経験が十分でない」が最も多く50.0％であった。次いで「対象者の課題が大きく、里親で対応しきれない」や「関係機関・専門職からの支援が十分でない」で44.4％であった。

　里親委託の解除後に生じた課題としては、「基本的生活の確立、社会生活スキルが十分でない」と回答した里親会が50.0％と最も多く、次いで「経済的に困窮状態となった」の

30.6％であった。

18歳到達後の子どもが措置延長された理由としては、「大学等や専門学校等に進学したが継続的な養育が必要」が最も多く72.2％であった。次いで「就職又は福祉的就労をしたが継続的な養育が必要」で44.4％であった。

里親が子どもに行っている自立支援の内容としては、「進学に関する支援」が72.2％、「就職に関する支援」が66.7％といった進路に関するものが多く、「住居確保に関する支援」も55.6％行っていた。

里親が措置解除後に行っている自立支援の内容（措置解除前に実施したものは含まない）としては、「住居確保に関する支援」と「自立に関する不安等、心理面への支援」が最も多く50.0％であった。次いで「就職に関する支援」が41.7％と続いた。

こうした結果を踏まえれば、家庭養護における子どもの進路支援は、子どもの抱えている課題を解決しつつ子どもの自立を図るためにとても重要な支援であることが分かる。

言うまでもないが、子どもの進路支援は、その子どもの委託の打診があった時から始まっている。復帰後の行き先の見通しが立たず里親家庭などから自立する子どもについては、将来の進路ついて、本人はもとより、保護者、関係機関の意向・意見を聴取するとともに、その内容に応じて、委託前から進路支援を行う必要がある。

委託後の進路支援は、ただ単に進路を決定するための支援ではなく、子ども自らが将来に展望を持ち、進路を自己決定し、自己実現を図っていくことができるよう、自分としての生き方、自己の個性、関心、興味、適性などを発見、確認し、進んで情報収集を行い、進路について考えられる能力の開発や態度の育成などを目的として行うことが重要である。

養育者は、子どもが自分とはどういう人間なのかを自己を探求しながら、自分を生かすことのできる生き方や価値のある生き方などを追求し、そして自己と職業生活との関係について熟考し、自らが描いた人生設計の実現を目指して自身の意志と責任において進路を選択・決定できるように支援することである。

子どもが自分の進路について十分に検討し、自信を持って自己決定し、社会において新しい進路を歩んでいくために、養育者は、早期から子どもの成長や発達の状況や個性に配慮しつつ、進路について十分な話し合いを持つことが大切である。また、養育者は、進路選択に必要な資料など判断材料の提供といった支援はもとより、自己への探求や自己の確立に大きな影響を及ぼす仲間集団との良好な人間関係づくりなどに力を注いでいくことが求められている。さらに、上級学校の見学や体験入学、職場見学・職場体験実習、アルバイト、ボランティア活動、生産活動などさまざまな啓発体験や社会体験を通して、子どもの勤労観・職業観の形成などを図っていくことも必要である。

▶▶▶実践上のヒント

　措置延長制度、社会的養護自立支援事業、奨学金など社会資源を有効活用すること。経済的な問題から希望する進路を断念する子どもも少なくない。また、子ども本人の決定であっても、本人の意向ではなく保護者の意向に沿った進路決定がなされる場合があるので、留意することが必要である。

　進路決定後のフォローアップも大切な支援である。はじめて社会人になり会社勤めをし始めた子どもは緊張した日々を送りストレスや疲労が溜まっていることを推察し、養育者は支援の手を差しのべることが必要である。特に、リタイアした高校中退者や離職者に対する支援は必要不可欠である。その子どもとよく相談したうえで、次の行き先や進路先が決まるまで、フォスタリング機関など関係機関や保護者と連携・協働しながら支援をすることが基本である。

（相澤　仁）

▶参考・引用文献

相澤仁、奥山眞紀子（2013）『生活の中の養育・支援の実際』明石書店、61 〜 72 頁
相澤仁、野田正人（2014）『施設における子どもの非行臨床』明石書店、193 〜 203 頁
オットー・フリードリヒ・ボルノウ著、森昭、岡田渥美訳（2006）『教育を支えるもの──教育関係の人間学的考察』黎明書房
厚生労働省子ども家庭局・厚生労働省社会援護局障害保健福祉部（2020）「児童養護施設入所児童等調査の概要（平成30年2月1日現在）」
みずほ情報総研株式会社（2018）「社会的養護対象の0歳児〜18歳到達後で引き続き支援を受けようとする者に対する効果的な自立支援を提供するための調査研究（総合アセスメント及び自立支援計画・継続支援計画ガイドラインの作成）報告書」
財団法人全国里親会（2009）『里親家庭　私の体験』24頁

第 **6** 章

養育の技術

Key Word

ペアレンティング／アタッチメント／トラウマ／チーム養育／心理教育

1. 実子養育とは異なる里親養育の技術

❶ 社会的養護における養育

　家庭的養護の推進により、社会的養護において、里親による養育はますます重要な位置を占めるようになった。それと同時に、虐待やネグレクトでトラウマを受けた子どもや、アタッチメントや発達に障害がある子どもたちが、今後より多く里親家庭のもとに委託されることにもなるだろう。里親家庭やファミリーホームに委託されることで、子どもたちは発達的にも家庭に近い環境のもとで成長し、より豊かな生活を送ることが期待されている。その子の委託されるまで、また委託時の経験から、乗り越えられるべき課題や葛藤があり、そのことを丁寧に養育の中で扱っていく必要がある。これまでの社会的養護の実践においても、残念ながら関係がうまく築けず、措置を変更する結果となった子どもが少なからずいる。またその中には、措置変更を繰り返し、本来目指すべき最善の利益とは逆の不安定でつらい経験をした子どもたちもいる。

　そうならないためにも、この社会的養護下における養育が十分に理解され、十分な支援と研修、そして子どもを支える包括的な仕組みづくりが必須である。そしてこれまでの研究からも養育を適切に行うこと、養育の知識や技術を習得することで、より良い結果が出るというエビデンスも出ており、その中でも里親と子どもの関係の質がより重要であることも認識されている。

　もちろん、里親になる前から子育ての経験やさまざまな学びや経験がある里親もいるだろう。同時に、子ども一人ひとりが個性を持っており、それぞれへの関わり方が違ってくるし、特に実子の子育ての経験と、委託された子どもの子育ては、共通することもあるが、社会的養護のもとにある子特有の経験や、中には全く想定外のことも起こりうることも留意しなければならない。また、社会的養護のもとにいる子どもたちのより複雑なニーズに応えるためには、意識的に養育についての方向や、やり方を検討し計画する必要がある。そしてそれを実行していくためには、経験や感覚のみに頼らず、それらを活かしながらも、その子の背景を理解し、意図的、意識的にニーズを満たし、成長発達を支えるための養育の方法が採られる必要がある。

　それでは、その養育において何を学んでいく必要があるのか。一般的な養育は置いておき、ここでは特に実子養育とは異なる養育の視点、また社会的養護のもとで求められる視点について触れていく。

❷ 里親やファミリーホームにおける養育の3つの視点

　里親やファミリーホームにおける養育において留意する視点は大きく3つある。1つめは、委託された子どもを家庭に迎え入れる、ということ。2つめは、その子どもが里親家庭に来るまでに離別・喪失体験など、すでになんらかの傷ついた経験をしていること。そして3つめはチーム養育である。

① 委託された子どもを家庭に迎え入れるということ

　里親やファミリーホームでは、委託された子どもを家庭に迎え入れることになる。実子であれば、もともとその家で暮らしているからいろんなことが分かっているが、委託をされた子どもは初めての場所で、新たな養育者、そしてその家族と家庭で暮らすことになる。そのことは子どもにとって楽しみでもあることもあるが、同時に不安や心配も大きいだろう。自分は果たして受け入れられるのか、うまくこの家庭でやっていけるのか、ということから、今までの家族や友達とはどうなるのだろう、そしてこれからどうなるのか、いつまでここにいられるのかなど、さまざまな疑問が浮かんでくるに違いない。しかしその不安定さは、これから安定的でパーマネントな環境を作っていくうえではとても大切なことでもある。すべてに必ず起こるわけでも、順番のように起こるわけでもないが、不安定さを安心安全、そして安定に変えていくために、一般的に里親養育家庭やファミリーホームでは次のことを経験することがある。

a. 初期の過剰適応

　子どもは新たな家庭に行くことへの不安はあるが、期待や肯定的な気持ちも持っている。そして、自分が新しい家庭の中に受け入れられたい、という想いもあり、年齢やその子にもよるが、特に最初は一生懸命に家庭に馴染もうと努力とする。最初に「とてもいい子」「何も問題がない」という印象を持たれることも少なくない。

▶▶▶実践上のヒント

　子どものこの姿は頑張ろうとしているものであるが、同時に子どもが頑張りすぎないようにすることも大切になる。新しい場所や関係では少なからず緊張が伴うものであるが、少しでも早く安心してリラックスできるよう、温かく迎え入れる、迎え入れる雰囲気をだす、その子のものを用意する、など工夫があるとよい。また、家庭で大切にしていることや、大事なルールなどあれば、この時期は話しやすいので、折を見て時間を取るとよい。その際、その子が理解しやすいよう、その子に合わせて視覚的なものや、場所や雰囲気などを工夫する。

b.「試し行動」

　子どもが次第に安心してくると、少しずつ自分の要求や我を出してくるようになる。子どもによっては、それまでできていたことができなくなったり、あるいはもっと年齢が低い子どものように行動したり、要求したりするようなことをする。例えば、5歳の子どもが哺乳瓶で飲みたいなど、いわゆる「退行現象」がみられることもある。これも決して不適切な行動ではなく、むしろ新しい養育者と関係を築いていくうえでとても意味のある行動である。それは、その子が今まで築いてきた養育者－子ども関係を捉えなおしているということであり、関係のあり方が変化する機会でもある。

▶▶▶実践上のヒント

　この時期は不安定になりやすいので、養育者からはわがままと捉えられたり、関わりにくさを感じることも多々あるだろう。また養育者が揺さぶられている、試されているように感じたりもする。

　この時期は時にとてもしんどい時期になる。大切なのは、目の前の行動や現象に注目するのではなく、その子のニーズや想いに目を向けることである。養育者にはワガママに映るかもしれないが、それはその子がどういう形であれ今まで築いてきた"養育者－子ども関係"が変わってしまい、どうしていいのか、どこまで出してよいのか不安になっているということである。予測がつかない、見通しが立たないことへの不安ゆえと言ってもよい。それと同時に目の前の新しい養育者とこれから関係を築いていこうとするからこそ起こってくる。そういう背景を理解すると同時に、養育者として柔軟性を持ちながらもぶれることなく、子どもの気持ちを受け止めながらも、必要なことは伝えていく。そのためには養育者に相談をする人、協力者がいるとよい。これによって、子どもも次第に距離感や加減が分かってきて、見通しが立つようになり、やがて関係は安定する方向に向かうだろう。

c. 生みの親との関係の模索

　生みの親のことを思い出すことや、生みの親とはこの後どうなっていくのかという心配は、意識的も無意識的にも、子どもには常にありうることである。中には忘れようとする子どももいるが、それは意識するからこそ忘れようとするのだと言える。そういう思いはあるが、生みの親のことを口にしたり、気になったりしているそぶりを見せるのは、少し関係が落ち着いてからが多い。ある意味、安心した関係においてこそ出せることでもある。子どもによっては、求めるような形で表現する子もいれば、不満や文句の形で表現する子もいる。中には、何事もないけど、気にしてないけど、という前置きのようなものがあっ

て話をする子もいるし、全く話はしないがそのことが気になり続けている子などさまざまである。いずれにしても、それまでの生みの親との関係をなかったことにすることはできず、いかなる形であってもその子にとっては生みの親は大きな影響を与える対象である。

▶▶▶実践上のヒント

　子どもの生みの親への思いを受け止め、言葉にできるようになることは、その子が新たな人生に踏み出すうえでも、里親と関係を築いていくうえでもとても大切なことである。その時の養育者側の態度として、子どもが生みの親のことに触れたりすると構えてしまいそうになるが、必要な話が出たと思って自然に聞くほうがよい。知らないことであれば、「自分も知らないから、今度児童相談所の人に聞いてみようね」などと言って児童福祉司などに聞く。否定したり、あるいは過剰に感情的に反応したりすると、子どもは「何かまずいことを聞いたのだ」「このことは言ってはならないことだ」などと考え、そのことを話せなくなってしまうかもしれない。

　ここで気を付けたいのは、子どもは目の前の養育者を大切に思ったり、関係を壊したくないと思ったりするために忠誠葛藤を持つことがあるということである。そのため、子どもは時には生みの親のことを思っている以上に悪く言ったり、あるいは里親に迎合したりするようなことがある。里親は、子どもに生みの親も里親もどちらも大切であっていい、ということ、どちらの親の不満を言ってもいいこと、などを伝え、安心して話せる関係性を築くようにすることが重要である。また生みの親との関係や、生みの親の話をどうするかについては、児童相談所や里親支援機関のソーシャルワーカーと相談しながら進めるとよい。

d. アイデンティティの課題

　なぜ自分はここにいるのか、自分はいったいどうなるのか、という問いは委託当初から浮かんでくるものであるが、特に子どもが思春期に差しかかると、自分はいったい何者かといったアイデンティティの問題と絡んでより複雑になってくる。多くの子どもは委託される時に、十分にその理由を聞かされることは少なく、一度聞いただけでは伝わらず、それを納得するには時間も必要である。当初は、例えば自分が悪いからという理由で仮の落ち着きを保とうとすることも少なくない。年齢が上がってくると、どれだけ頑張っても変わらない生みの親の家庭の現実と、本当に自分が悪いのだろうか、という疑問に直面することにもなる。

　また、特に現在の日本では、里親家庭は一般的ではなく、また認知も理解も十分にされていないことから、そういう里親家庭にいる自分はいったい何者だろうか、今の自分でい

いのだろうか、と考え出す。その思いや感情は、時として怒りや不安として表出され、また時には内面に引きこもったり、コミュニケーションを取らなくなったりすることもある。あるいはそれらが交互に現れたり、急に機嫌を取ってきたりと不安定になることもあるなど出し方はさまざまである。そして、場合によっては、養育者に対して否定的な言葉や、これまでの養育を否定するようなことを言ってくることもある。また、思春期は、子どもの準拠対象が、養育者から仲間関係に広がっていく時期でもあり、特に社会的養護のもとにいる子どもたちはこの仲間に所属することが行動や感情に大きく影響を与える。より仲間関係に入り込み家庭を遠ざけるようなこともあるし、逆に仲間関係にうまく入れず家庭にこもってしまうこともある。

▶▶▶実践上のヒント

　　この時期はそういった里親家庭にとっては試練の時でもあり、子どもも里親も大きなしんどさやつらさ、時には無力感さえ起るだろう。この時期は、それまでの関係性をベースにしつつ、再び揺らいできた土台を作り直す段階でもある。ペアレンティング・スキルや心理教育を援用しながらも、発達に由来する関わりづらさもあることから、時には嵐が通り過ぎるのを待つ必要がある場合もある。同時にその課題を、里親家庭だけで抱えるのは非常に困難であり、児童相談所や里親支援機関、また学校や病院など専門機関と連携を取りながら、みんなで子どもを支え、子どもを支える里親を支えていく必要がある。里親は困ったら抱え込まずにSOSを出し、また周りの関係者は里親がSOSを出しやすいよう心がける。相談するだけではなく、具体的に、時には子どもとの面談や心理療法、里親のレスパイト、医療的ケアなど、あらゆる必要な対応をしていき、里親家庭を支えていくことが不可欠である。

　先に書いたように、これは子どもによって時期や濃淡があり、出てこないこともある。また必ずしも順番に、一直線に進むものではない。子どもによってタイミングや現れ方はさまざまであり、この時期が終わってこの時期、というものでもなく、どの時期の要素も常に何らかの形で含んでいる。しかし、こういった時期や背景があることを知っておくことで、養育者はより安心して関われ、うまくいかなかった時にその関わり方を見直すのに役に立つだろう。

　また上述した内容の多くは、自分に起ったこと、あるいはこれから起こることなどの混乱や不安からきている側面も大いにある。そのため、子どもの混乱や不安を軽減し、より主体的に生きていくためにも、第4章で述べられているライフストーリーワークや、真実告知（またはテリング）などが重要になってくる。また、子どもによってはルーツ探しや、

生みの親との交流も必要であり、また家庭に戻ることについても、児童相談所や里親支援機関と一緒に計画していく必要がある。

　そして、大切なのは、上記の課題や葛藤が起こるのは、その子に必要なことだからであり、そういった形で現れるくらいその子のそれまでの家庭や、その家庭と離別する経験がその子にとって大変なことだったのである。ある意味、そこを丁寧に扱われケアされることが社会的養護においては非常に大切であり、またそこを乗り越えることによって子どもにとって主体的でよりよい人生を歩んでいけるようになる。

　とはいえ、それは容易なことではない。だからこそ、ペアレンティングなど、根拠に基づく知識やスキルを活用し、また子どもに関係する人、機関みんなで役割を分担して、チームとして養育していくことが大切になってくる。

② 子どもが里親家庭に来るまでに離別・喪失体験など、すでになんらかの傷ついた経験をしていること

　委託されるまでに子どもたちはさまざまな経験をしていることは想像にかたくない。その中でも大きく影響する分離・喪失体験と、虐待・トラウマ体験について、次に触れておきたい。

a. 分離・喪失体験

　社会的養護のもとの子どもたちが必ず経験することがある。それは離別・喪失体験である。たとえ虐待を受けているという理由でその子が保護されたとしても、その子が、今まで一緒にいた親、住んでいた家から離れなければならないことは、不安や苦痛、悲しみなどをもたらす。保護する側の大人にとっては、その子の命が救われてよかった、安全な環境になってよかった、と思っているかもしれない。しかし、その子にとってはどうだろうか。もちろん、いつ叩かれるか分からないという不安や恐怖の生活から離れることができた、ということもあるだろうが、本人にとって事態はそうシンプルではない。

Episode

　A子は、いつものように学校に行っていると、放課後、突然担任の先生に一緒に来るように言われた。先生についていくと校長室に連れていかれ、そこには校長先生と、知らないおとなが2人いた。知らないおとなの1人から、「今日はおうちに帰れない」と言われ、車に乗せられて、「いちじほごしょ（一時保護所）」というところに連れていかれた。そこには別のおとなの人と、たくさんのいろんな年齢の子どもがいた。そして、今日からしばらくここで生活することになる、ことを説明された。

A子はその後、里親宅へ委託となり、元の地域にも学校に戻ることもできず、さらに新しい生活の場へ移って、また知らないおとなとの生活となった。いつまでとも知らされず生活していく子どもの心情を考えた時、おそらく決しておとなのように「よかった」とは思えないのではないだろうか。もちろん、必要な処置であったことは間違いない。であると同時に、その子がそれまで当たり前に送っていた生活、明日もできると思っていたこと、自分のものと思っていたものが、突然自分の意志と関係なく変わってしまったのも事実である。それはその子にとっては喪失体験をしたことにもなり、このことがその子の人生に影響を与えることは間違いない。

　喪失したものの中でも重要なのは、アタッチメント対象の喪失である。どういう関係であれ、たとえ親が「不適切なかかわり」をしていたとしても、その子どもにとって親は重要な存在である。そしてアタッチメントが、安定していても、不安定であっても、その対象が変わることはその子に大きな影響を与えることには間違いない。子どもが、当たり前だと思っていたこと、そして永続的に続くであろうと信じていたことが突如変わることは、その子にとっては世界が変わってしまうような事態である。

　子どもにはさまざまな面で影響が出ることが考えられる。例えば、今までずっといる、と思っていた人、つまり自分の親と、突然会えなくなるということは、次に、自分が出会う人、そして特に大切な人が、いつまた突然会えなくなるのか、という不安をもたらすだろう。そうすると、自分が出会う大切な人に対して、あるいは大切なものに対して、我々が通常するような予想と違う行動や態度をとることもある。例えば、関係が深くなろうとするとその関係を試すかのような否定的言動をとったり、時に壊そうとするような行動をしたり、自分のものに異様に固執する、逆に全く頓着しないなどの言動をとることがある。

　すべてが喪失に起因するものではないし、もともとの家庭での経験による場合もあり、もっと事情は複雑であるが、喪失や離別の体験が影響を与えることは確かである。その影響は、いわゆるわざと怒らせるような「試し行動」と呼ばれることであったり、できていたことができなくなる「退行」と呼ばれるものであったりする。

▶▶▶実践上のヒント

　そのような行動に、ついイライラしたり、感情が揺さぶられたりするが、大切なのは、目の前のそういった行動の背景を理解し、何が起こっているのかを考えていくことである。そうすると、わざと自分を怒らせている行動が、実は、自分にとって大切なおとながいついなくなるのか分からない不安の訴えであったり、過去の離別のつらさから来たりするものであることなどを理解できる。そしてイライラさせられること

は変わらないかもしれないが、背景の理解によってこちらの態度や関わり方やかける言葉も変わってくる。そのことが、子どもに安心感をもたらしたり、子どもとの関係に肯定的な変化を及ぼしたりすることにつながってくる。

　また、重要なのは喪失体験そのものよりも、その体験をいかに受け止めるか、これからの新しい関係の中に統合されていくかである。喪失体験について子どもは、必ずしもそれに伴う感情を表現するとはかぎらない。あるいは表現するすべをまだ知らない場合があり、その体験について里親が、時には周りの関係者に力を借りながら、表現できる場を設ける必要がある。このように重要な出来事を、支え、一緒に乗り越える体験を通して、里親と子どもとの関係が築かれていくと言える。

b. 虐待・ネグレクトなどの不適切な体験

　児童養護施設入所児童等調査結果（平成30年2月1日）では、里親のもとにいる子どものうち、38.4％が虐待を受けていたとされている。また、児童養護施設では、65.6％、乳児院では40.9％が虐待を経験している。今後、子どもたちの委託先が里親になっていくことを考えると、里親のもとで暮らす虐待を受けた子どもの割合は増加されることが予想される。現場では、その時虐待と把握できていなくても、のちに虐待を受けていたことが分かることが少なからずあり、また親に身体的疾患や精神的疾患があるなどの場合は、必ずしも適切な養育を十分に受けているとは言えない状況がある。親と死別や失踪、離婚などにしても、それらがつらい体験であったことには変わりなく、また家庭から離れて保護されること自体が離別・喪失体験であることを考えると、社会的養護のもとにいる子どもは、何かしらの不適切な養育環境、虐待を経験している可能性が高く、それが子どもたちの成長や発達に影響を与えていることが予想される。

　虐待が子どもたちに与える影響は、さまざまに報告されている。現に、社会的養護のもとにいる子どもたちは、家庭で生活している子どもに比べて、メンタルヘルスの問題を抱えやすく、また行動上の問題をより多く呈することが示されている。分離・喪失体験と同様、虐待を受けてきた経験をいかに受け止めて、ケアしていくか、ということ、そしてそれまでの経験をどのようにその子の人生の中に統合していくかが重要である。

▶▶▶実践上のヒント

　厚生労働省は、子ども虐待対応の手引きをまとめ、虐待を受けた子どもの特徴として、①身体的影響、②知的発達面への影響、③心理的影響に分けて説明している。③の心理的影響について、ア・対人関係の障害、イ・低い自己評価、ウ・行動コントロールの問題、エ・多動、オ・心的外傷後ストレス障害、カ・偽成熟性、キ・精神的

症状、とさらに細かく分けている。これは、虐待やネグレクトの影響がいかに多岐にわたっているかを示しており、また子どもが生きていくうえでいかに困難な状態になりやすいか、ということである。だからこそ、その子は社会的養護のもとにいるのであり、そこをケアしていくことが大きな目的の1つでもある。そう考えると、問題が起こらないことよりも、何かしら問題が起こることは当たり前であり、うまくいかないことがあってもそれは当然である、という認識のもとで養育していく。起こった問題の現象にとらわれるのではなく、その背景を理解し、そして今それが表現されていることの意味、またその表現そのものの意味を考え、その子が求めていることは何か、また一緒に目指すことは何かを問うていく。また医療や心理など専門的対応が必要な場合もあるため、1人で抱えるのではなく、チームとして養育していく考え方が必要である。

❸ チーム養育

実子の養育と異なる視点の3つめは、チーム養育である。子育ては、その年齢や発達段階に応じて、さまざまなニーズに応えながらなされていく。委託される子どもは、それまでの経験において、ニーズに十分に応えられなかったこともあるし、また養育者が変わることで一度はそれなりに満たされたニーズも、もう一度新たな養育者とニーズを満たすことが必要な場合もある。そして子どもの背景から、さまざまなニーズに応えて、その子にあった養育を模索していく必要がある。それには、より多くの視点と場面や時期に応じた役割が必要であり、委託された子どもを養育することはチーム養育だと考えられている。

また子育ては、その子を産んだ家庭のみで完結するものではなく、その家庭の環境や状況に応じて親族や地域などさまざまなかかわり合いの中で行われる。中にはその子が小さい頃や妊娠している時から知っている知人や友人、近所の方もいるだろう。子どもが里親に委託される場合、その多くは、地域や里親の家族・親族との関係がある日、突然始まる。しかし、実子の子育てと同様に、さまざまなかかわり合いのなかで、支えられながら子育ては進んでいく必要があり、そういう意味でチーム養育は、突然始まった関わり合いをより大きな社会という枠組みの中で支え合っていくシステムとも考えられる。

そして、実子の養育でもたいてい困難な時期があるように、委託される子どもも同様に子育てをしていくうえで葛藤や衝突もある。そして分離・喪失体験や、虐待など傷つき体験を持っている子どもは、関わるうえでより難しい場面になることもあり、時にはどうしていいか分からなくなることもある。その時には、自分たちだけで抱え込まずに、児童相談所や関係する機関、その子がかつて措置されていた児童養護施設や乳児院などの施設、必要であれば医療とも連携して、みんなで子どもを抱えていくことが大切である。

　チーム養育と考えるなら、子どもの養育においては里親がその中心になることは間違いなく、関係する人や機関が時には見守り、時には一緒に行う必要な支援を行っていく。それではそのようなチーム養育を考える時、何が重要になるだろうか。

　第一に、安心安全感があること。自分が所属するチームが安心安全でない場合、チームのメンバーは自分の力を十分に発揮することは難しい。失敗してはダメ、うまくいかないとダメだと緊張して不安になるより、失敗しても大丈夫、これだけ大変なのだからうまくいかなくてもまた次がある、と安心して取り組めるチームの方が結果としてうまくいくだろう。

　そして第二に、関係性（信頼感）を構築していくこと。例えばスポーツにおけるチームを考えた時に、たとえどんなに素晴らしい選手がいても、その選手と他の選手との関係性が悪い場合、パスが回ってこなかったり、動きがかみ合わなかったりと、そのチームはおそらく十分に機能を果たせないに違いない。チームとして機能するためには、お互い十分にコミュニケーションをとり、関係性を築くことが重要である。そのように委託された子どもの養育においても、十分にコミュニケーションを図り、情報を共有して信頼関係を構築していく必要がある。

　また第三に、それぞれの役割を理解し、明確にしていくこと。社会的養護のもとの養育では、それぞれのメンバーができること、困難なこと、また強みや課題がある。それぞれができることを行い、強みを伸ばして、課題を克服していくためにも、役割を理解し合い、そして信頼関係のもと、役割分担をして関係者みんなで子どもの成長・発達を支えていくことが大事である。

　第四に、目的を共有すること。人々の集団が、チームであるか、たんに寄り集まっているだけなのかの違いの1つは、そのチームに目的があるかどうかである。また、チームは順調にいっている時はよいが、困難な場面になるとうまく機能しなくなることもある。その困難を乗り切る時に必要なのは、目的を確認し合い、そのためにそれぞれがどういう役割を取り、どのようなことができるのか、ということを話し合うことである。また同じ目的を持っているということを確認することは、よりチームの連携、また所属の意識を深め、そのことでより安心して養育にも取り組めるようになる。

2. 子どもへの心理教育や支援

すでに述べたように、社会的養護のもとにいる子どもは、複雑なニーズを抱えており、そのために必要な知識やスキルを適切に身につけておくことは非常に有益である。その中にペアレンティングや心理教育などがあり、それを通して子どもたちを支援していくと、より関係性が深まっていくだろう。その知識やスキルを身につける前に、もう1つ委託された子どもを養育するうえで重要なことがある。それは自分自身の養育のあり方や強み、価値観の確認といった自己点検である。

❶ 自己点検をする

里親の中には、すでに自身の子どもを養育した経験がある人もいるだろう。実子を養育したり、あるいは自身が養育されたり、という経験が、家庭養護における子育ての大きなリソースとなることは間違いない。同時に、その自分の経験やリソースに無自覚でいると、時として子どもとの関係に困難が生じるかもしれない。

一言で「家庭的」といっても、共通のイメージもあるが、実際にはさまざまな要素や、あり方がある。例えば、しつけ1つにしても、門限がある家庭もあれば、中にはほとんどない家庭もあるし、その門限が何歳までに何時まであったのか、また門限を守らなかった時に、だいたいどのように親が対応したか、それは家庭によってまちまちである。また、食事の場面でも、みんな必ずそろってから一緒に食べ始める家庭もあれば、おおよその時間になったらそれぞれ食べ始めるところもあるだろうし、家庭の事情もあって父親が仕事で遅いので他の家族は先に食べてしまうこともあるだろう。また、食事中はなるべくお話をする家庭や、静かに食べる家庭、テレビをつけるところもあれば、食事中はテレビをつけないという家庭もある。このように、おおよその「家庭的」というイメージを持ちながらも、実際の家庭内でのあり方にはさまざまなありようややり方があるといえる。そして、ほとんどの人が、自分の家庭のあり方のみを体験し、そして大なり小なりそれに基づいて自身も子育てを行っている。もちろん自分が育った家庭と全く同じようにするのではなく、自分はこうしたい、ああしたい、と思ってやっていることもあるが、ほとんどはあまり意識することはなく「普通なこと」として、自分の経験に基づく養育をしている。このことが家庭の中での養育の重要な要素であり、同時に、家庭養護のもとにある子どもを育てていくうえでは、時に葛藤や困難を生むことにもなる。養育する側の予想や期待を越えたり、相反した時「なんでこの子はこうなんだろう」「なぜこうしないんだろう」と思い、感情

が揺さぶられたり、イライラしてしまうことがある。それが重なると場合によっては関係性をうまく築けないことも起こってしまう。

　予想外のことなどは実子であっても起こり得るが、社会的養護のもとにある子育てでは少し違うレベルで起こることがある。なぜなら、実子に対しては、生まれた時から、さらに言えば生まれる前からゆっくりとお互いの関係をはぐくみ、リズムを合わせ、摩擦があってもそれまでの関係を土台にしながら歩んできたはずである。しかし、**委託されてくる子どもは、それまでその子が生みの親と経験してきたこと、関係の歴史があり、ある日から突然関係性が始まることとなる。**つまりその子はその子なりの「普通なこと」があり、里親が「なぜこうなんだろう」「なぜこうならないのだろう」と思っているように、その子もそう思うことがあるということである。それは、たとえまだ言葉を発しない乳児であっても、また胎児であっても、その時期に感じ続けて当たり前としてあった、リズムであったり、においであったり、トーンがあり、それが「普通なこと」として経験してきたこととなっている。

　自分が思う「普通なこと」の違いそのものは、決してネガティブなことではない。違うからこそ、そこを体験することがその子どもにとって重要であったり、あるいは違いを乗り越えたりする時にその子どもにとって望ましい変化や成長が起こるものだからである。同時にそれは葛藤や衝突を生みやすく、余裕がある時であればよいが、余裕がなかったり重なったりすると負のスパイラルを生むことがあるので、丁寧にその葛藤や衝突を扱う必要がある。そのためには、**自分自身を振り返ることが役に立つだろう。**自分自身はどのような子育てをされてきたのか、あるいは実子がいる場合はどのような子育てをしてきたのか。それはある意味自分の価値観を点検することでもある。人は自分の価値観にあることを、当たり前のこと、当然のことだととらえがちだ。そうするとその当たり前のことをしない子、当然やってはいけないことをする子に対しては、大なり小なり葛藤を起こすことになる。その葛藤は場合によって、また積み重なると大きなネガティブな感情を生み、うまく機能しないことになることがある。しかし先に述べたように、委託されてきた子どもは、その子の経験、当たり前があり、つまりその子にも価値観がある。それはその子なりに環境の中で体験し、身につけ、その子を守ってきたことでもあるので、そのこと、またその子のこれまでの人生を尊重し、それでは何ができるのか、どのようにすればよいのか、ということを考えていくほうがうまくいくことが多いように思われる。

❷ ペアレンティング・プログラム
　ペアレント・トレーニングは1960年代にアメリカで開発された。その元となった理論は2つあり、1つは行動学習理論であり、もう1つはプレイセラピーである。その後、行

動学習理論に社会的学習を組み込んで発展し、また一方では心理治療的文脈のもと親子の関係療法的な枠組みを取り入れていった。さらにペアレンティング・プログラムが適用される領域に応じて、トラウマやアタッチメント、発達障害に関する理論などが適用されている。

　日本でも、社会的養育領域においてもさまざまなペアレンティング・プログラムが導入され実施されている。社会的養護の文脈でも聞かれるものでは、例えば里親の養育に特化したフォスタリングチェンジ・プログラムや、アメリカのボーイズタウンが開発したコモンセンス・ペアレンティング・プログラム、他にもトリプルＰ：前向き子育てプログラム、CAREプログラムなどがある。どのプログラムも共通点もあるが特徴もあるので、自分に合ったものを選ぶとよい。重要なのは、あれこれ学ぶのではなく、1つのプログラムをしっかり身につけるまで学ぶことである。

　表6-1は、効果的なペアレンティング・プログラムの特徴をまとめたものである。

表6-1　効果的なペアレンティング・プログラムの特徴

内容
○テーマを構造的に配列、手順にそって８〜12週で紹介。
○遊び、ほめる、ご褒美、限界を設定する、しつけなどの主題を展開。
○社会的で自立的な子どもの行動および落ち着いたペアレンティングの確立に重点を置く。
○親／養育者自身の経験と苦悩に常に向き合う。
○広範な実証的研究に裏打ちされた明確な理論的背景。
○再現可能な利用しやすい詳細なマニュアル。

実施方法
○親／養育者の感情と考えを認識しつつ協働的に実施。
○さまざまな困難を取り除き、ユーモアを交えながら楽しく実施。
○セッションと家庭でのワークを通じて親／養育者が新しい方法を実践するのを支援。
○各ファミリー・ワークでは親／養育者と子どもが共に観察される。グループ・プログラムのなかには親／養育者だけを観察するものもある。
○託児、上質な軽飲食、必要な場合には交通手段の確保。
○プログラムのフィデリティー（忠実度）の確保とスキル向上のために、セラピストは定期的にスーパーバイズを受ける。

　表中の「内容」で書かれているように、どのペアレンティング・プログラムも遊びや、ほめること、またご褒美などで肯定的な関係性を築くことを重視している。養育は関係性を基盤にしており、社会の中で自立していくためのさまざまな知識やスキル、価値観を伝えていくのであるから、肯定的なやり取りを通して、信頼関係を作ることが不可欠である。同時に、必要なルールや限界を設定しておくことも大切である。

❸ 心理教育

　子どもへの心理教育や具体的な支援について触れていきたい。まず、なぜ委託された子どもに心理教育が必要なのか。

　心理教育は、特定の治療や予防を目的とした特殊なものやプログラムのみを指すのではなく、福祉や医療、教育など多くの領域で従来から使われてきているものである。心理教育では、子どもが自分だけでは受容しにくい課題や葛藤を抱えている時に、自らの困難を十分に受け止めることができるよう支援するとともに、その困難を乗り越えていけるように知識やスキルを身につけ、主体的に生活を営めるようになることが目指される。

　子どもは自分に起ったことに自分で、または大人とのかかわりの中で意味づけをして、そこから自分の行動の選択をし、あり方を決めていく。大人とのかかわりが十分でない場合や、また相談できなかった時などには自分なりの解釈、意味づけを行い、それがその子にとって困難な状況をもたらすことがある。例えば委託された子どもの中には、自分が保護されて措置された理由を十分には聞かされてはおらず、自分が里親のもとに来たのは、自分が悪いことをしたからとか、自分があの時親の言うことを聞かなかったからととらえ、それを誰にも言えず、ずっと自分が「悪い子」だからと思い続けている子どもが少なからずいる。そして、自分が委託されている間、自分は「悪い子」だという思いは変わらず、自信がないとか、自分には価値がないから何をやっても無駄、と無気力になったりすることがある。周囲は「自信がない子」とか「無気力な子」という面のみが見えるため、かかわりが困難になりがちである。

　また虐待や先に述べた喪失体験についても、本人がその出来事をとらえ理解するにはあまりに困難なため、子どもの認知や記憶が混乱したり、本人なりの理解が偏ったり、本人の生きづらさを生んでいく。

　そのため、養育者であれ、ソーシャルワーカーであれ、関わる大人が子どもの背景、心理状態を理解し、そして子どもが自分自身に起ったことを適切に理解し、受け止められるように支援していく必要がある。そのように子どもに起ったことについてその子どもが理解できるように説明し、影響を伝え、子どもの心の健康を支えていくことを心理教育という。適切なタイミングで正しい情報を伝えることで、子ども自身に起ったことを理解し、そのことが子どもの自責の念や不安を和らげ、問題となっている行動や症状などを軽減させていく。そして、心理教育を行うことで、子どもは自尊心が回復し、自己コントロール感が高まっていく。これは子ども自身だけではなく、子どもにかかわる養育者や、ソーシャルワーカーにとっても、子どものことを理解し、適切にかかわるという意味でも心理教育は非常に重要である。

① 分離・喪失体験

　子どもの身に起ったこと、つまり自分の家庭での虐待体験や家庭から離れて里親のもとで生活することになったことについて、子ども自身はどうとらえているのだろうか。子ど

もは、特に年齢が低いほど、自分に何が起きているのか、なぜこうなるのか、ということを客観的に把握することは難しいだろう。その子の視点から見て、とらえられる範囲で、自分なりに解釈して出来事を把握していくことになる。その子なりの解釈であるため、偏ったり、極端になったりすることがあり、それがその子どもの生きづらさ、あるいは関わりづらさを生んでいくことがある。そのため、その子どもが保護され、里親のもとに委託されたことをどのように捉えているかを知ることは非常に大切になってくる。日常的な話の中や、またライフストーリーワークの文脈の中で丁寧に話を聞いていくとよい。

　視点としては里親のもとに来るまでに、①何が起こったか（事実）、そして、②どう感じたのか（感情）、それについて、③どう考えているのか（認知）を聞いていく。そのうえで養育者は事実が違えば修正し、子どもが知らない必要な事実は伝え、子どもの話から新たな事実が分かればソーシャルワーカーに伝えていく。感情については、どういう気持ちでも感じて大丈夫だということを伝える。また感情を言葉にすることが難しい場合は養育者の手助けが必要な場合もある。認知については、どのような認知であれ否定されるものではないが、保護されたのは自分があの時にお母さんの言うことを聞いていなかったからだ、などのように偏っていたりして事実にそぐわないものは修正していくプロセスが必要である。

　また前節で述べたように、保護に至る過程で委託される子どもは必ず分離・喪失体験をしているため、そのことを丁寧に扱う必要があるだろう。分離・喪失体験の影響やプロセスについては、さまざまな研究があるが、例えばボウルビィは、観察から乳幼児が母親から離された時の心的過程として、①抗議（protest）、②絶望（despair）、③離脱（detachment）の3つの段階モデルを見出した。①抗議とは、対象を失ったことが信じられず、必死に取り戻す段階で、泣いたり、怒ったり、呼んだり、しがみついたりする。②絶望は、これまで対象を探し求め結び付こうとしていたが、やがてそれが無駄であることを知り、激しい絶望に襲われる段階であり、落ち込んだり、不活発になったり、また食欲の減退や不眠、過眠がみられたりする。③離脱は、対象を追い求めるような態度が見られなくなり、新たな対象との関係を模索する段階である。しかし、対象のことをすっかり忘れたり、あきらめたりしたわけではなく、ふと思い出したり、また再会した時に、前の段階の行動をとったりする。

　これはもちろん1つのモデルであり、すべての子どもが同じプロセスをたどるわけではないし、単純に直線的に進むわけではない。各段階は、必ずしも明確に区別できるものではなく、相互に重なり合ったり、逆戻りしたりする。また、のちにボウルビィが「無感覚」という段階を最初に加え4つの段階を成人の分離・喪失として紹介しているように、年齢によっては、最初は何事もないかのように、何も感じてないかのようにふるまうこと

もあるだろう。大切なのは、その子の行動の背景に、分離・喪失体験があることを理解することであり、また養育者に寄り添われながら、悲しんだり、怒ったりするプロセスを丁寧にたどることである。この一連を悲嘆のプロセスや喪の作業といい、このプロセスを適切にたどることによって、その子なりのペースで心身が回復していく。逆にいうと、理解なく誤った対応をしたり、放っておかれることで、ある段階のままで留まったり、戻ったりすることが起こりうるのである。

　悲嘆のプロセスをたどっていくためには、十分にそれぞれの段階で感情を出し受け止めてもらうことである。そのためには、自分の生みの親のこと、家庭のことについて話してよいのだ、という雰囲気と態度を持つことである。生みの親のことを聞かれると、どう答えたらよいか分からず、また答えてしまってよいか分からず、あいまいに答えたり濁したりしてしまうことがある。新たな養育関係を結ぼうとするものとして生みの親のことを話されることを避けたいという気持ちを持つこともあるし、また子どもが生みの親のことを批判することを快く思わなかったりもする。子どもはそのような雰囲気や態度を察して、生みの親のことやその家庭のことについては触れてはならないのだと思うし、また新たな養育者と良い関係でいたいという想いから、自ら生みの親のことは話に出さないようにすることがある。そうすると、この悲嘆のプロセスを十分にたどれずに、感情が消化されないまま、その後を過ごしていくことにもなりかねない。しかし、十分にそのプロセスを受け止めてもらえたと感じたら、新たな養育者との関係をより肯定的に築いていこうとする気持ちが生まれてくるのである。

② 虐待やトラウマ体験

　社会的養護のもとにいる子どもは、虐待やネグレクトを経験していることが多い。また、不適切な養育という意味で広げれば、ほとんどの子どもが何らかの、あるいは慢性的な傷つき体験をしているし、また死別なども含め、親と別れる経験自体が、心の傷となっていることだろう。

　例えば、虐待を子どもはどのように経験しているのだろうか。特に年齢の低い子どもほど「これは虐待だ」とか「不適切だ」という認識を持つことはほとんどない。親は「あなたがこんなことするからよ」とか「何度言えば分かるんだ、いい加減にしろ！」などといって暴力を理由づけするだろうし、時にはただ不機嫌であったり、アルコールを飲んで酩酊していたりする状態だから殴られる、ということもある。そのような状況で恐怖や不安を感じ、そしてそれが他人やよその人ではなく、本来自分を守ってくれるはずの親であるから、ますます戸惑いや混乱を感じることになる。

　子どもたちは、そういった経験の中で、子どもなりに対処しようとする。人は何かが起

こった時にその理由や原因を考えるように、子どもも自分が叩かれたり、放っておかれたりする理由を自分で考える。理由もなく、自分が不当な扱いを受けることほど精神的に苦痛なことはない。しかし、特に幼いほど自分の大好きな親が原因ということも子どもとしては考えにくく、また親が「あなたがこんなことをするから」などと言って原因を子ども自身に帰するために、子どもは自分が悪い、というところに行きついてしまう。その結果、自分自身に自信がなかったり、あきらめることが早かったり、無気力であったりして、「どうせ自分なんて」という思いを子どもが持ってしまうことがあることを理解しておかなければならない。

　何とか理由をつけて対処はするものの、起こった出来事を忘れたり、あるいは嫌な出来事を起こらなかったことにすることはできない。虐待されたことがトラウマとなっていれば、ふいに思い出して怖くなったり、あるいは気分が落ち込んだりすることもある。そういったことは自分でコントロールできるものではないので、イライラしたり、物事に集中したり取り組むことができなくなったりして、日常生活にも支障をきたしてしまう。しかし、通常自分がなぜそうなるのか、について子ども自身も理解しているわけではない。それゆえ、イライラして人間関係や物事がうまくいかないことが、自己肯定感を下げることにもつながってしまう。時にはイライラしてしまう自分が抑えられず、自己肯定感の低さと相まって「どうせ自分はこんな人間だ」と、イライラを回りにぶつけ、エスカレートしてしまったり、また、自分に暴力をふるった親と無意識的に同一化したり、自分自身が暴力をふるう立場になってしまうこともある。

　それに対応する養育者は、もし目の前の子どもの行動だけを見て対応しようとすると非常に困難な状態になる。その行動を止めようとすればするほど、おそらく葛藤や対立は激しくなるからだ。それが続くと、その子に対する否定的な見方が増幅し、その子の特徴であるかのように捉え、より子どもの負の行動面に着目するようになり、それに子どもが反応してより衝突が増える、という悪循環にもなりかねない。大切なことは、**目の前の起こっている現象にのみ着目するのではなく、その背後にあるもの、その子のもつニーズに気付いていくことである**。そうすると、そういった行動をするのは、その子が問題であったり、その子の力がなかったりするからではなく、その子が経験してきたこと、特にこの場合は虐待によるものだと理解されると、また違った関わりが可能になってくる（虐待からくるものだからその行動が容認されるということではない）。

　ここで心理教育という観点から、その子どもに伝えていくことがある。もちろん、伝える時期やタイミング、そして子どもの発達に合わせて、その子が分かるように工夫をする必要があることは言うまでもない。

　その伝えることとは以下のことである。

①あなたは悪くない、ということ。

②心身の反応が起こるのは当然であること。

③適切に対処すればコントロールできるようになること。

①は、その子が叩かれたり、放置されたり、これまでつらい思いをしてきたが、それはあなたが悪い子だからではない、ということ、またあなたはそういうしうちを受けてよいわけではない、という意味である。そして②は、イライラしたり、気分が落ち込んだりということが出てくるが、つらい体験をした後にそういう反応が起こることは自然なことである、ということ。また、③は、そういったことは当然起こるが、それを変えていくことができるし、その力をあなたは持っている、ということである。

ここで重要な点は、あなたは悪くない、ということを伝える時に、同時に生みの親も悪者にしないということである。ここで「親が悪い」ということにすると、その親を求めている自分を許せなくなったり、その親から生まれてくる自分を受け入れられなくなったりするなど、かえって自己否定的になりかねない。親は親なりの何かしらそうならざるを得ない事情もあった。それでもあなたが悪いことはなく、あなたがそういうしうちを受けていいということではない、ということを伝える。親のことについては、児童相談所や、里親支援機関などとどう伝えるかを話し合っていくとよい。

また、心身の反応が起こるのは当然であるが、だからといって人を叩いたり物に当たったりしてもよいということではない（そして、イライラしていたり当りたくなるその背景にあるニーズや気持ちに耳を傾ける）。そしてイライラしたり、不快な気持ちを別の方法で解消する方法を一緒に見つけていくことである。一朝一夕で変化するものではなく、そこでは丁寧なかかわりを通して関係性を築いていくことが大切になってくる。

虐待やトラウマを受けた子どもたちの影響は、前節にも書いたように、身体、心理、行動、生活など多岐にわたり、「問題」ととらえられるようなあらゆる行動や症状の元になっている。しかし、すべての症状が現れるのではなく、また当然すべてを虐待やトラウマに帰すこともできないことも事実であり、丁寧な観察が必要である。実際に影響を見ていく場合は専門家と相談をしていく必要があるだろう。

関係性を築くためには、より肯定的な注目と話を十分に聞く必要がある。話を聞く中で、その子のニーズや持っている想いを聞き出し、そこから子どもがありたい姿を描き、今後の目標、そして取り組みを考えていくとよいだろう。

（上村宏樹）

▶参考・引用文献─────────────────────────────

カレン・バックマン、キャシー・ブラッケビィ他著、上鹿渡和宏、御園生直美、SOS子どもの村
　JAPAN監訳（2017）『フォスタリングチェンジ　子どもとの関係を改善し問題行動に対応する里
　親トレーニングプログラム【ファシリテーターマニュアル】』福村出版
宮島清、林浩康、米沢普子編著（2017）『子どものための里親委託・養子縁組の支援』明石書店
武田建、米沢普子（2014）『里親のためのペアレントトレーニング』ミネルヴァ書房

家庭内でのきまり

　夫婦・親子・施設、どのような形であれ、一緒に生活を送っていくうえでの約束事（きまりとも言えるのかもしれないが、ここでは約束とする）は必要なものである。そして、その約束事はお互いの存在を尊重・配慮したものでないと、ただの一方的な強制となり、お互いを束縛してしまい…結果として、不健全な関係性の構築へとつながる。

　私自身も、各々の生活場面において、約束事を相手との間で交わしており、児童養護施設での養育においては、子どもたちと約束事を交わしながら生活を支援している。

「大人が勝手に決めているだけ」
「どうせ言っても何も分かってくれないから、話すだけムダ」

　門限や携帯電話の使用方法といった生活のさまざまな場面において、思春期を迎えた中学生・高校生の子どもからこの言葉を聞くと、つい、約束事をルールとして強制したくなる、子どもたちの言動を社会的に裁きたくなってしまう思いが、ふと私の頭をよぎる。

　でも、子どもたちは「ルールで杓子定規的に縛りつけないで」「自分たちの言い分も理解してほしい」と訴えてきているのだと感じるし、私もルールを子どもに強要したいわけではなく、対峙したいわけでもない。だからこそ、子どもたちとの生活の中で必要なのは、ルールではなく約束事であり、支配・被支配の関係ではなくお互いを尊重しあった関係なのである。このギャップを埋めるもの、それが「対話」なのではないか、と思うのである。

　社会的養護を利用する子どもたちの多くは、これまでの生活歴の中で自分の話を聞いてもらった機会などほとんど経験してこなかったのであろう、と大いに推測できる。そんな状態で、目の前の大人からいきなり「話し合おう」「意見を言って」と働きかけられる、子どもにとっては状況も理解できないし、さぞかし不審に思うだろう。だからこそ、私たち養育者は、日々の養育のいとなみの中で、子どもたちとのやりとりを丁寧に行うことが必要となってくるのである。

　例えば、就寝前に明日起きる時間を確認しようと思った時には、「明日7時には起きな

さい」ではなく、「明日は何時に起きる？」とまず子どもに聞いてみる。子どもからは「起きない」とか「10時」と素直ではない答えが返ってくるかもしれない。でも、そこで"話す気ないのか"と次の会話をあきらめてしまう、それこそがまず、大人の一方的・勝手な決めつけなのではないだろうか。

　そこで次に、こんなふうに言ってみる。

　「7時だと余裕もって準備できる、って思うんだけど」
　「でも、どうせ早く起きられないし…」
　「目覚ましで起きられなかったら、7時10分には起こしにいくよ」
　「ふ〜ん。なら、そうしてみようかな…」
　「よし、じゃあ、まずは7時に目覚ましを合わせておいてね」
　「それくらいできるよ（笑）」

　このようなありふれたやりとり、これこそが「対話」の土台なのである。こういったやりとりの蓄積の中で、子どもにとって（大人にとっても）"煩わしいこと"という「対話」自体への思い込みからくる拒否感も薄れていく。話し合うこと自体が特別ではなく自然に変化していくことで、内容がより深く・時間をかけることとなっても、お互い負担にならないように変化してくる。

　おやつをいつ・どこで食べるのか、お風呂に入る順番や時間、一見「その程度」と思われるような日常場面の些細なことから、子どもと話し合って決めていく経験。この経験が1回・1日・1年…と積み重ねていくことによって、「対話」は幅広く豊かなものになっていき、そこから紡ぎ出された約束事たちが私たちの生活を日々支えてくれるのである。

　また、養育者と交わす約束事は、"させる"のではなく"ともに取り組む"ことが大事だと考えている。誰かと生活するからこそ必要とされる約束事を、子ども1人で守らせていくことを支援することが、子どもの自立につながるか？　と問われれば、その答えは

「NO」だと思う。

　そもそも人間は誰かに依存せずに生きていくことなどできないのだから、むしろ、必要な依存が自立への支援であり、適度な依存を経験させずに自立を急がせることは、自立ではなく孤立を招くことにつながってしまう。

　「依存」という言葉のイメージが強く先行してしまいがちだが、日常の生活の中で聞こえてくる──

　「言っても言わなくても何も変わらない」

　「話せるほど信用してない」

　こういった子どもたちの声には、こう切り返してみる。

　「そうか…じゃあ、どうしていこうか、ね？」

　あらかじめ用意してあったような定型的な返答ではなく、肯定も否定もなく付き合う姿勢を見せながら、少しでも目の前にいる子どもたちの声にならない"思い"に寄り添いながら、約束事を一緒に見出していければいい。そう胸に刻み、今日も目の前の子どもとの生活に向き合っている。

（橋本文子）

参考文献：河合隼雄『こころの処方箋』新潮文庫

第 **7** 章

家庭養護で必要な養育技術の習得

Key Word

肯定的注目／養育スキル／アタッチメント／フォスタリングチェンジ

1. 里親家庭で起こりやすい子育ての問題

❶ 子どもの心身の発達に大きな影響を及ぼす虐待

　虐待の影響は、命の危険性や心身の発達の遅れだけではない。虐待は、子どもが本来最も安心できる場である家庭で、最も安心・安全を得ることができるはずの保護者によって行われるものである。子どもたちは不安や恐怖の体験を繰り返し受けている。そのため、自分が大事にされている感覚、大人や世界は安心な場である感覚、他者への信頼感が育ちにくい。困った時に助けてくれ頼ることができる大人（通常は親）がいることは、アタッチメント（愛着）の形成や人への信頼感の育ちであり、それは自分自身への信頼感や自信の基礎にもなる。しかし、守られているという実感、愛着関係が育たないことは、対人関係の構築に大きな影響を与える。自分の感情に関心を持たれた経験が乏しい子どもは、自身の感情に気づきにくくなる。自分の感情を受け止めたりコントロールする力が弱いため、他者の気持ちにも気づきにくく、相手を思いやることができなかったりし、対人関係の取り方に問題を生じることが多い。そのような子どもたちに「あなたは、愛されている。あなたは大事な人である」という感覚を形成していくことが里親養育に求められている。

　また、虐待は継続的なトラウマ体験でもある。子どもたちはしばしば「あなたが言うことを聞かないから。できないから。悪いから」という理由をつけられて虐待を受けている。その中で、「自分が悪い子だからたたかれた」「どうせがんばってもうまくいかない」「私なんか生まれてこなければよかった」など自責感や自尊感情の低下などがしばしば認められる。このような子どもたちへの生活面や身体とこころのケアは最重要課題である。

❷ 里親家庭で起こりやすい子育ての問題

　里子は、さまざまな歴史を背負い里親宅にやってくる。虐待体験はもとより、親と離れて暮らさざるを得ない状況そのものが、子どもにとってはネグレクト体験であり、喪失体験である。トラウマや発達上の課題を抱えている子どもも多い。そのような里子の特徴や関わり方について、認定前研修などで一応知識としては学んでいても、受託後いざ子どもと生活を共にしてみると、子どもの行動にとまどうことやイライラすることなどが増えてくる。

　ひとつひとつは些細なことでも繰り返されることから里親のほうが消耗することも多い。子どもの嫌な言葉が胸に突き刺さる、自分でも何でと思うくらいイライラ感や嫌な気持ちがする。なぜ、このように言うことが聞けないのか怒りがわいてくること、自分の子育て

に自信がなくなること、このような自分が里親でいいのかと自問自答することもある。そして、最悪の場合、里親による虐待や不調につながる場合も出てくる。

❸ 里親不調

　2013（平成25）年度里親委託解除1272件のうち、児童福祉施設への措置変更が344件、そのうち母子生活支援施設やファミリーホームへの措置変更を除き、委託不調と推測されるものは240件19％であった。

　不調は、里親や里子はもちろん、里親の家族にとっても非常につらい体験となる。里親にとっては、自分の育て方が悪かったのではないか、自分は里親にむいていなかったのではないかなど、自信をなくすとともに強い喪失感を伴うものである。それは、里子にとっても同様な体験であり、やっぱり自分はだめだった、こんな結果になるとは思っていなかった、これからどうなるのだろうと、喪失感や自尊心の傷つき体験とつながるものである。

> **Episode** *（里子の気になる行動、イライラさせられる行動）*
>
> ・食事中に席を立って歩きまわり、遊び始める。
> ・注意しても同じことをわざと繰り返す。
> ・消しゴムや鉛筆など、友達のものを持って帰ってきている。
> ・着替えたらそのまま散らかしている。片付けができない。机の上は山のようになっている。
> ・宿題をしない、そのことで口論になる。勉強についていけない。
> ・べたべた甘えてくる。半面、人が失敗したり痛がったりするととても喜ぶ。
> ・自分の思い通りにいかないと癇癪を起し、手が付けられない。
> ・注意すると「ごめんなさい」と謝るが、すぐに何度も同じことをする。
> ・本当の気持ちを出さない、本心が分からない。
> ・試し行動があるというのは聞いていたけれど、こんなに長く続くの？
> ・子どもには子どもの慣れ親しんだ習慣があるのは分かるけれど、社会で生活するためにはこれくらいは身につけてほしい。どうしたらよいだろう。

2. フォスタリングチェンジとは

　エピソードにあるような里親の子どもの問題行動への困り感や問いかけに応えるものとして「フォスタリングチェンジ・プログラム」は開発されたのである。

　フォスタリングとは、「里親養育」のほかに「育てる」という意味もあり、フォスタリングチェンジとは、生涯にわたる変化を子どもに生み出すことである。

　里親養育は中途養育である。「里親体験を通して自分自身への気づきが多かった」「実子の子育て体験とは全く異なる」と答えるベテラン里親は多い。里親自身も養育の体験の中で子どもとともに成長してきているのである。そして、これまでそれを支えてきたのは里親自身の資質や長年の努力である場合が多い。しかし、近年社会的養護における家庭養護（里親養育）の重要性、必要性が求められる中で里親が増加していることや、委託される子どものニーズが多様化していることを考えると、里親個人の資質と努力にのみ頼るのではなく、家庭養護の専門家としての里親養育に必要な養育技術の習得の研修や継続的な支援など、家庭養護支援システムの構築が必須となってきている。

3. フォスタリングチェンジ・プログラムの紹介と効果

❶ フォスタリングチェンジ・プログラム開発の歴史

　里親委託率70％強である里親養育の先進国である英国においても、委託後の里親不調は大きな課題であった。また、里親委託後の研修は単発的なものが多く、里親は満足しても家庭養育の中で実践されないものが多かった。フォスタリングチェンジ・プログラム（以下、FCP）は、これらの問題に向けて、アタッチメント理論、社会的学習理論、認知行動療法に基づき、ペアレントトレーニングの考えも取り入れて1999年にロンドンのモーズレイ病院の専門家チームによって開発されたものである。2009年には Department for

Children, School and Families（DCSF：子ども学校家族省）よりイングランドの152の自治体でファシリテーター（推進役）を養成するトレーニングプログラムを実施するための助成金が付与された。プログラム実施のために同年フォスタリングチェンジ・トレーニングセンターも開設され、2010年終わりまでファシリテーター養成コースが実施された。その後、現場での実践と評価を経て2011年に改訂版のマニュアルが出版され、これに基づいて無作為化比較試験（RCT）が2012年に実施され、効果が検証されている。

　FCPは、社会的養護下にある子どものかかえる問題、特にさまざまな虐待の影響に配慮した子どもの理解とそれに基づく対応について、子どもの視点を重視し、子どもの問題行動をどう理解するかを意識しており、里親に個別の「答えを与えるプログラム」ではなく、「里親が自分で問題を見つけるための方法や考える枠組を与えるプログラム」「子どもの長所に焦点をあて、育み、認証し、実践的なスキルを学び、家庭で実践するプログラム」である。

　日本では、長野大学の上鹿渡和宏准教授（当時）により紹介され、2015年度NPO法人SOS子どもの村JAPANが日本財団の助成を得て、児童相談所、里親会、乳児院・児童養護施設、学識経験者等によるFCP実施企画委員会を立ち上げ、導入に向けて検討が行われた。英国講師によるファシリテーター（推進者）養成講座が開催され、20名のファシリテーターが認定された。2016年度福岡と熊本において初めてFCPが実施された。その後、北海道から沖縄まで各地で展開されるようになり、2019年度は21地域で実施されている。週に1回、3時間、12セッションで約3か月間という長い研修にもかかわらず、出席率は平均90％強と非常に高いのも特徴である。

❷ FCPの特徴
① プログラムの実施構成
　・週1回3時間、里親グループでのセッションを12回（約3か月）継続して実施する。
　・対象者は、実際に2歳〜12歳の里子を委託されている里親12名まで。
　　なお、FCP+12（思春期版）の場合12歳〜18歳までとなっている。
　・最低2名のファシリテーターが担当する。
　・お茶やお菓子が用意され、温かい雰囲気の中で実施される。

　さらに、プログラムの特徴として以下の点があげられる。
　最初にファシリテーターとなる担当者が里親宅を個別に訪問し、説明するとともに規定の聞き取りを実施し、その情報をグループでのセッションに生かすなど、個別訪問による事前の関係づくりによってプログラムへの里親の参加・継続率が高く維持されている。

また、各セッション終了時に、ファシリテーターの自身の振り返りチェックと里親からの評価が行われ、それを次回に生かしていくという相互性のあるプログラムとなっている。さらに、プログラム開始前と事後のアンケートによりプログラム全体の評価を行うことができる。

② プログラム内容

　プログラムは、表7-1の通りであるが、これらは図7-1フラワーパワーに示すように4つの要素からなっており、この要素を①から④の順番に学ぶ構成となっている。困難な養育に当たっている場合、すぐに的確なしつけのあり方やスキルを求めがちであるが、里親養育の場合、アタッチメントの問題を抱えている子どもが多いことから「関係性の強化」から始まることが非常に重要である。そして、プログラムの根底にあるのは、「温かさ」という栄養であり、子どものニーズを的確に知るための「観察」である。

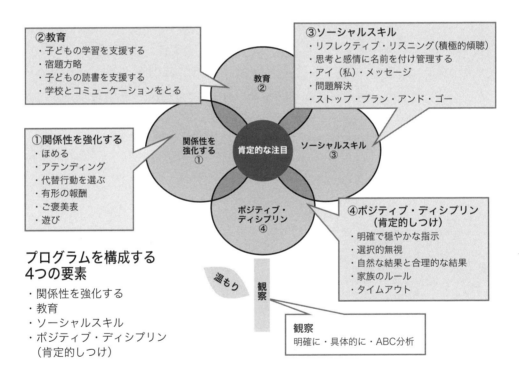

図7-1　フォスタリング・フラワーパワー

表7-1　プログラム内容

	題目	具体的内容
1	グループの立ち上げ、子どもの行動の理解と記録	子どもの経験、発達に関する理解と問題の再認識
2	行動に影響すること、先行する出来事と結果	アタッチメント（愛着）理論、社会的学習理論、ABC分析（きっかけ・行動・結果）
3	効果的にほめること	子どものニーズと不適切な養育の関係、養育者自身の経験の話し合い
4	肯定的な注目	遊びの役割、アテンディング（肯定的注目）、説明的コメント
5	子どもが自分で感情をコントロールするためのコミュニケーションスキル	子どもの感情理解とコントロール能力への注目、子どもの視点
6	子どもの学習を支える	教育の状況、特別なニーズ、読むことの支援、マイナスの自動思考
7	ご褒美とご褒美表	「私は」メッセージ、適切な行動への変化とその強化
8	指示を与えること、選択的に無視すること	効果的な指示、賞賛、無視の方法
9	肯定的なしつけと限界設定	家族のルール、自然な結果と合理的な結果、子ども自身の学びを支持
10	タイムアウトと問題解決のための方法	適切なタイムアウトの実施方法、問題解決方法：ストップ・プラン・アンド・ゴー
11	終わりにあたってのまとめ	子どものライフストーリー理解を助ける、次の学校への移行、プログラム内容のふりかえり
12	今後について、養育者自身のケア	支援者のケア、自尊感情の重要性

③ 各セッションのながれ

　セッションは毎回、「オープニング・ラウンド」から始まり、「クロージング・ラウンド」で締めくくられる。軽快なテンポで全員が発言する機会を持つことで、気持ちよくグループに入り、最後は心を落ち着け、家庭での実践に向かうことができる。その間に「家庭での実践の振り返り」「新しいスキルや方略の説明」「新しいスキルを家庭で使うための準備」が組み込まれており、アタッチメント理論や社会的学習理論などの内容をファシリテーターが講義したあと、その知識を土台として討論やロールプレイを行い、学んだことを家庭で実践する準備をする。そして、翌週に家庭での実践報告をするまでが学びの1セットとなっている。里親は実践の中での気づきを詳細に語り、皆に認められる中で、さらに自分の学びに確信を持っていく。また、他者の報告を聞く中で、自分の捉え違いに気づいたり、うまくいくイメージを持てたりすることにつながる場合も多い。

④ 温かな空間の中で楽しく学ぶ

　約3か月間という長い研修の間、参加者の学ぶ意欲を高め、継続的な参加を支えるのが、このプログラムの基本にある「温かさ」である。里親を迎え入れるため、さまざまな準備が行われる。ウェルカムボードを飾り、一人ひとりに挨拶し、音楽が流れる中でお茶やお

菓子を勧めることで、グループの大切な一員であるというメッセージを伝える。里親のグループ研修への不安を解消する手立てとして、事前の家庭訪問を行いプログラムの目標や里親家庭の現状を共有する。また、グループ活動のペアづくりに折り紙作品の同じ色やマークといった遊びの要素を取り入れたり、里親の発言に対して渡されるご褒美シールの中にご当地キャラクターを忍ばせるなど、楽しく学ぶ各地域ならではの工夫がなされている。

　この空間づくりは別の視点からも大きな意味がある。このプログラムで社会的学習理論が1つの柱となっているように、「お手本」というのは私たちにとって馴染み深く、強力な学習方法である。ファシリテーターの姿勢や言葉かけは、そのまま里親子関係に反映される。したがって、ファシリテーターは、里親に居心地の良さを感じてもらうことと、子どもに関わる際の良いお手本になることの二重の目標を持ち、明るくポジティブに居ることを心がけるのである。

❸ FCPで学ぶ里親養育のスキル──子どもと里親の関係性の強化からしつけへ

① 子どもの行動の観察と明確な描写

　「ぎょうぎが悪い」ではなく「食事の途中で立って歩きながらごはんを食べる」といったように子どもの行動を具体的にとらえることである。

　特定した行動をもとに、きっかけと結果について着目する「行動のABC（きっかけ・行動・結果）分析」は、何度も立ち戻る基本のスキルである。

　里親は里子の反抗的な口調や、お行儀の悪い行動に遭遇しては戸惑い、時に怒りの感情を抱くこともある。しかし、行動を観察できるようになると、子どもの側に立って物事が見えてくる。

> **Episode** *（子どもの行動を観察してみたら）*
>
> 　食事中の離席に困っていたけれど、この子が立ち上がるきっかけは、私だった。私が給仕をするために席を立ったら、この子も立ち上がって遊び始めていた。それで、私がじっと座って食べていたら、この子も座っているようになった。毎日見ていたことなのに意識してみないと気づかなかった。

② 行動をほめるスキル

「いい子だね」など抽象的にではなく、「食器を持ってきてくれてありがとう」など子どもの行動を具体的に、すぐにほめるのである。

里親は、自身のほめられた体験をグループで振り返りつつ、その体験が自身の人生や考え方にどのように影響しているかを共有する。

その後、子どもの行動を描写し、ほめるというスキルを練習する。

そして、「ほめる」スキルを実践すると、満足げな子どもの様子に効果を実感する里親は多い。子どもをほめることは子どもを調子にのせてしまうのではないかと心配する里親もいる。しかし、そのような心配はいらない。子どもの行動をほめるということは、おだてることではない。どのような行動が里親から認められているのか、ほめられているのかを子どもが理解すると、その行動が増えてくるのである。

Episode　*（里親の言葉から）*

1日5回ほめること、一緒に遊ぶこと、肯定的に子どもを見つめること、よく考えてみるとごく当たり前のことができていなかった。この3か月、彼女はとても楽しく生きやすそうである。「こんなにほめられてうれしい」「お母さんと一緒に遊べて幸せ」とすばらしいプレゼントの言葉を言ってくれる。

ほめ方に一貫性がなかったことが子どものぐずりにつながっていた。自分がいかに行き当たりばったりの対応をしていたか分かった。

---

③ アテンディング（肯定的注目）

毎日10分間、制約のない遊びの中で子どもを評価せず、寄り添い、子どもと共に過ごすことである。事前に毎日10分Aちゃんと遊ぶ時間を作ることを約束し、どの時間がいいかなど一緒に考えておく。1日10分であるので、10分経つ少し前に「あと1分でお母さんはご飯の用意をするよ」などとそこから離れることを予告する。はじめは「イヤー。まだする」などと言うが、「また明日ね。Aちゃんは遊んでいていいよ」というとスムーズ

に離れることができるようになる。そのためには、親がきちんと約束を守ることが大切で、その時我慢すれば、明日はまた一緒に遊ぶことができるという経験の中から子どもは見通しを持つこと、自分をコントロールすることができるようになる。

▶▶▶実践上のヒント

子どもが積み木をしている側で、子どもの行動に添って「そこに積むのね」「わー高くなったね」「ながーく伸ばすのね」など、子どもの行動をそのまま声掛けをする。子どもの遊びを見ていると、親として、つい「こっちにも作ってみたら」「もっと高く積むとかっこいいよ」など励ましたり、もっとうまく作るための方法などを教えたりしたくなるが、それはしない。遊びの主体は子どもであって親ではない。子ども主導の遊びに親が寄り添うことがコツである。

Episode *（里親の言葉から）*

習い事や宿題のため、アテンディングの時間を確保することは難しいかもしれないと心配だった。しかし、実際には里子のほうがアテンディングの提案にとても喜び、楽しみであるテレビの時間をそれに充てることにすぐ賛成してくれた。一対一の遊びの時間って、私が思うよりもずっと子どもにとって重要なものだった。

④ 望ましくない行動に注目しないスキル「選択的無視」

行動理論に基づくと、困った行動に対し、そのたびに叱る、注意を与えるということも、子どもの側からみると、親の「注目」を得るというご褒美となり、その行動を促進するものと考えることができる。子どもにとって、親の注目をもらえないということほどつらいことはない。注目を得るためにわざと大きな声をあげる、泣く、困った行動をとることはよく起こりがちである。例えば遊んでいる時に、積木を投げるなどちょっとした無作法をした際には、里親は注意をしたりせず何の注目も与えないことで、その行動を強化しないようにする。その代わり適切な行動をした場合には、すぐにその行動に注目（ほめるなど）し、強化することが大事である。

Episode *（里親の言葉から）*

問題行動は徹底的に直さなければならないと思っていたが、スルーするほうが効果的だった。見方を変えると違うものが見えてきてストレスが減った。

問題を減らすために一生懸命子どもに言い聞かせ注意していたことが、子どもにご褒美となって、問題行動を強化していたなんて、目からうろこだった。おもちゃを片付け

> る時、片付けるように言ったあと、ぐずぐず文句を言ったりしていたが、しばらく何も反応せずにいると、1つ片付けたので、すぐにほめたら、残りのおもちゃも片付けた。

⑤ 問題解決方法「ストップ・プラン・アンド・ゴー」

　問題解決方法「ストップ・プラン・アンド・ゴー」は里親がぜひ覚えておきたいスキルの1つであり、すぐに役立ち、里子との関係性が非常によくなるという感想が多く寄せられる。

　里親が、子どもの言葉や態度に注意をしたり、意見を言わずに、まず「聴く」ことがコツである。子どもは、自分の気持ちをコントロールし、自分で考え、自分でやってみる体験をすること、うまくいった場合もそうでない場合も、結果を自分で引き受け、考えていくことが自尊心を高めることとつながっている。

▶▶▶実践上のヒント

事例：授業中、B子がA子に話しかけた。A子が返事をしたら、先生はA子だけ注意をした。A子は不公平だと思っている。プンプン怒って帰ってきたA子にどのように対応するか。

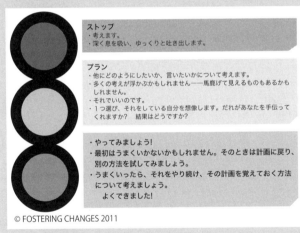

© FOSTERING CHANGES 2011

図7-2　ストップ・プラン・アンドゴー

「Aちゃん、どうしたの？　なんか怒っているねー」『だってね。先生ひどいんよ……』

ストップ！「ちょっと落ち着こう。まず、息を吸って、ゆっくりはいて……」……「うん。落ち着いたね。お話聴くよ。うん、うん、……（意見を挟まず、子どもの話を聴く）……それで、Aちゃんはどのようにしたいの？」

プラン：子どもが抱えている問題にじっくり耳を傾け、子どもがその問題についてどのように考えるか、どうしたいか、いろいろな方法を出してもらう。その中には、実効性のないことや、理不尽な対応案もあるかもしれない。しかし、子どもが考えられることをできるだけ多く出してもらう。例えば……。

　①先生に文句を言う。②B子ちゃんにあんたが話しかけたからと怒る。③お母さんに電話をしてもらう。④先生にお手紙を書く……などである。

そして、そのひとつひとつの対応案のメリットとデメリットを子どもに考えさせる。コツは、里親が「これはいい、これは無理」など意見を言わないことである。子どもが自分自身で考え計画するように励ますのである。

ゴー：１つ選びやってみる。うまくいかなかった時は、また、プランに戻って考える。

❹ プログラムの効果と評価

プログラム開始前と終了後には、質問紙による以下の尺度評価を実施している。①子どもの強さと困難さ（SDQ）、②アラバマ・ペアレンティング質問票（APQ）、③里親の自己効力感についての質問紙（CEQ）、④里親のコーピング方略尺度（CCS）、⑤アタッチメントの質に関する質問紙（QUARQ）、⑥気がかりな里子の行動に関する尺度（VAS）の6種類である。

2017年度プログラム参加里親72名を対象とした効果研究（佐藤 2018）では、QUARQ以外のすべての尺度について有意差（p＜0.01）が認められており、日本においても本プログラムの有効性が一定程度認められたと言えよう。

Episode （里親の養育行動の変化）

理論に基づくスキルを学べ、実践することで私自身の余裕が大きくできた。そのことにより、里子の行動を客観的に見て、自分の感情をコントロールし、対応する技術が身についた。あまり怒らなくなった。「早く、早く」という言葉が少なくなった。夫や実子にこの頃優しくなったと言われた。子どもの思いに気付くことがたくさんあった。子どもが私を好きなんだということに気付いた。笑って話をすることが増えた。良いところを見つけて具体的にほめるようになった。私自身が少し待てるようになったので、子どもの話に耳を傾けることができるようになった。自分に少し自信を持って自分で対処していけるようになった。

Episode （子どもの行動の変化）

試し行動がなくなった。笑顔が増えた。自分の意見や気持ちを言えるようになった。癇癪が減った。ワーワー抵抗することが少なくなった。注意されたときに嫌と言うことが少なくなった。泣きわめかずに、普通の泣き方になった。寝る前によく話をしてくれるようになった。指示に対してすんなりと応じることが増えた。今でも、癇癪を起こした時のタイムアウトを実践しているが、とても効果的で、里子もすぐに落ち着き、何が悪かったのか自分の言葉で表現できるようになった。

4. フォスタリングチェンジなど子育て支援のプログラムを受けること

❶ グループで学ぶことの利点

　プログラムでは、セッションが進む中で、他の里親の発言に質問をしたり、共感の声を漏らしたり、自然な対話の空間が生まれる。里親同士の感想や助言は、あまり構えることなく受け止めることができるようである。知恵を出し合い、主体的に学ぶグループワークの中で、里親が自分で問題に対処する姿勢が育まれていくなど、グループの力は非常に大きいものがある。「他の参加者の家の様子を聞き、『自分も同じだ』とホッとしました」「普段話せないことまで話し、濃密な時間をグループで共有できました」など里親にとって守られた空間の中で互いに共有できる体験は貴重なものとなり、プログラム修了後もSNSなど連絡を取り合い、関係を続けているところも多い。

❷ 自分に自信を持つこと、自分で対処していけること

　里親は自分の経験、知識、体力、ありとあらゆる資源を使って子どもに対応しているが、手探りの面も多い中で、困惑したり悩んだりする。問題に対応するための具体的な道具・スキルを手に入れることで、子どもの気持ちや関わり方が目に浮かび、自信を持って対応できるよう変化していく。

　長年里親をしている参加者の方でさえ、「数十年ぶりにほめられました」と冗談めかしながら言われる。子育てをすること、家事をすること、仕事をすることは当たり前のこととして捉えられ、具体的な言葉でほめられる経験はそれほど多くない。けれども、プログラムを通して、自分の資質や能力に気づいてもらえることの満足感、声に出して励まされることの心強さを里親は経験する。**養育を担う里親自身が十分にケアされることが、ほめられることを何倍も必要とする子どもたちへの「肯定的な注目」につながっていくのではないかと思われる。**

　FCPにかぎらず子育て支援のプログラムはさまざまある。プログラムを受けることで、すべての問題に対して答えが得られるわけではない。しかし、「あなた自身のやり方、あなたの家でのやり方で子どもを助ける方法がこのプログラムによって得られるでしょう。子どもと良好な関係づくり、子どもだけでなくあなた自身や生活を共にする他の家族にとっても毎日がより過ごしやすくなることでしょう。……長期的には、子どもがより適切な行動を学ぶことによって子ども自身の人生が変わる可能性があるのです」（クレア・パレッ

ト 2013）とあるように、プログラム受講は、里親自身の気づきや安心感を育む養育への大きな一歩となるのではないかと考える。

（松﨑佳子）

▶参考・引用文献────────────────────────────────

カレン・バックマン、キャシー・ブラッケビィ他著、上鹿渡和宏、御園生直美、SOS子どもの村JAPAN監訳（2017）『フォスタリングチェンジ　子どもとの関係を改善し問題行動に対応する里親トレーニングプログラム【ファシリテーターマニュアル】』福村出版

スーザン・バートン、ルディ・ゴンザレス他著、開原久代他監訳（2013）『虐待を受けた子どもの愛着とトラウマの治療的ケア』福村出版

クレア・パレット、キャシー・ブラッケビィ他著、上鹿渡和宏訳（2013）『子どもの問題行動への理解と対応』福村出版

佐藤篤司（2018）「フォスタリングチェンジ・プログラムの効果研究」『日本子ども虐待防止学会第24回学術集会抄録』

SOS子どもの村JAPAN（2016・2017）「フォスタリングチェンジプログラム実施報告書」

特定非営利活動法人SOS子どもの村JAPAN編（2019）『弁護士・実務家に聞く里親として知っておきたいこと：里親養育Q＆A』海鳥社

外国につながる子どもなど多様性への配慮

社会の変化と家族の多様性

　人間の営みは多様性に富んでいる。最近はその多様性を実感することが増えてきた。例えば一緒に暮らす家族のかたちを考えてみよう。かつて日本の家族を代表していたであろうサザエさん一家は核家族にとって変わられ、さらに進んで単親家庭も増えている。婚姻届を出さない事実婚（いわゆる同棲）は何もめずらしいことではなくなったし、最近は同じ「どうせい」でも同性婚など、従来の法律が全く想定していなかった新しい家族のかたちも現れている。また、人の交流がグローバルになるにしたがい、外国出身の家族もめずらしい存在ではなくなっている。同質性が高い、と言われてきた日本であるが、社会や家族の多様性はどんどん増している現実がある。

子ども社会の多様性

　大人社会の変化に伴い、子どもの生活圏でも多様性は進んでいる。その一例として教育現場で使われる言葉「外国につながる子どもたち」、または「外国にルーツを持つ子どもたち」を紹介したい。なぜ「外国籍の子ども」ではないのか。それは国籍だけで子どもの背景を説明できない現実があるからだ。例えば父母のどちらかだけが日本国籍の場合、さまざまな事情で子どもの国籍は変わってくる。中には国籍が宙に浮いてしまっている子どももいるのである。また、高齢社会の日本では外国出身の人たちが働き手として大いに期待され、その子どもたちが増えている現実もある。それらさまざまな出自を持つ子どもたちも差別することなく、同じ人間として共に学んでいこうという思いが、これらの言葉には込められている。

児童福祉法と子どもの権利

　日本の児童福祉法は対象年齢が18歳未満と定められているが、国籍に関する規定はない。つまり国籍や在留資格の有無に関係なく、すべての子どもが法の対象となる。さまざまなルーツを持つ子どもが増えるにしたがい、何らかの事情で保護者から離れなければな

らない子どもたちも増えつつあり、児童福祉の現場でもそのような子どもたちへの対応が求められるようになってきている。

　国連が「子どもの権利条約」20周年を機に採択した「子どもの代替養育に関するガイドライン」では「その子の教育的・文化的・社会的生活の断絶を最小限に留める」ように代替養育は決定される必要があり、「教育（…）、アイデンティティを育む権利、宗教や信条の自由、自分の言語を使用する権利（…）」を守ることに注意が払われるべきである、と規定されている。つまり、代替養育下においても、その子が育った環境や生活習慣を大切にする配慮が国際的にも求められているのである。

施設や里親・ファミリーホームに求められるもの

　「外国につながる子どもたち」が増えてきたことに伴い、従来からの代替養育態勢だけではそのニーズを十分に満たすことができない場合も出てきている。ある例では保護者の緊急入院に伴い、全く日本語が理解できない幼児を預かることになった。突然慣れ親しんだ保護者と離れ、言葉の通じない大人に抱かれることになった幼児の不安は察するにあまりある。せめて多様な文化背景を持つ里親や職員がいればよいのだが、今の日本ではまだまだ難しい。

　ある児童相談所では児童養護施設の職員とともに、イスラム教を信じる家族の子どもが来た時に備えて、近隣大学の留学生を講師に、文化や食事に関する勉強会と調理実習をしたという。このようなことだけで外国につながる子どもたちの生活がすべて理解できるはずもないが、その努力を続けることが大切なのであろう。多様な里親を増やすとともに、チャレンジ精神と広い視野を持った里親・ファミリーホームも求められている。

実は多様性と親和的な里親・ファミリーホーム

　多様性というのは何も外国につながる子どもの話だけではない。初めにも書いたが、家族も多様なあり方が社会の中で特別なことではなくなりつつある。その点からすれば、ま

さに里子が一緒に暮らす家庭は多様性の最前線であると言える。ただ、社会の理解がまだ
追いついていないことも多い。子育ては地域との接点が不可欠であるが、未だ多様性を受
け入れにくい地域もあり、その中で里親が悩むということも実際起こってきている。養育
に関することのみでなく、さまざまな課題にも児童相談所や里親支援機関と一緒になって
対応をすすめ、「いろんな人がいてあたりまえ」の地域社会を作っていきたいものである。
そのことで個々人が尊重される社会が実現できると思うのである。

（鈴木 聡）

第 **8** 章

アタッチメントの問題を抱える子どもの里親養育

Key Word

不安定なアタッチメント／安全基地／内的ワーキングモデル／無秩序型／支援方法

1. アタッチメントに問題を持つということ

❶ アタッチメントとは

アタッチメントとは、子どもが恐怖や不安を感じた時に、特定の養育者に近接する、くっつくことで安心を取り戻す、人に生まれつき備わった心理的な行動の傾向であり、また特定の養育者との間に形成する情緒的な絆を意味するものとしても使われる。生まれたばかりの乳児は、まだ自分では危険から逃げたり、苦痛の状態を変えたりすることができないために、空腹や喉の渇き、寒さといった出来事でも生命の危機を感じるような圧倒的な恐怖になりやすい。そのため、安全を確保するために乳児は、できるだけ親との近接を維持しようとする。

一般的に乳児が恐怖や不安を感じた時には、泣いたり、親の近くに移動するなどのアタッチメント行動を起こすことで苦痛のシグナルを出す。親は子どものそうしたシグナルに敏感に反応し、子どもを抱き上げたり、授乳を行ったりして、子どもの不快な心身の状態を調整する。子どもにとっては、不安な時に親がいつでも自分にとって利用可能な状態でいてくれ、シグナルを出した時に、すぐ敏感に反応してくれることが安心を感じる重要な要素となる。こうした親の利用可能性と、敏感性のもと、アタッチメントのシステムが適切に行われることで、親は子どもにとって、不安な時に逃げ込む「安全の避難所」の役割と、安心を回復した後、再び外の世界に出ていく足場としての「安全基地（安心の基地）」の機能を持つようになる。

アタッチメントのシステムを通して、子どもは親を信頼し、親のもとで安心して外の世界への探索行動を行うことができるようになる。こうして安定したアタッチメントを形成した子どもは、世界は必ず自分に反応してくれ、自分がシグナルを出せば苦痛の状況を変えることができるという成功体験を重ね、基本的信頼感や自分への自信などを形成していく。生後6か月頃からは、「内的ワーキングモデル」といわれる心的表象が形成されてくるが、内的ワーキングモデルとは、他者はどのように行動するか、自分は他者からどう扱われるのか、といった子どもが世界を理解する際の期待や予測、また自分自身の信念となるものである。こうした内的ワーキングモデルは、子どものその後の対人関係における基盤として機能していくようになる。

❷ アタッチメントに問題を持つということ

社会的養護のもとにやってくる子どもたちは、養育者との分離や喪失、または虐待など

の不適切な養育を経験していることが多い。アタッチメント対象を突然失ったり、親が子どもの苦痛のシグナルを無視し、何の助けも得られない場合は、子どもは深い無力感や不信感を抱くことになる。こうした状況は、子どもの内的ワーキングモデルやアタッチメントの質にも大きな影響を与え、子どもは親との間に、不安定なアタッチメントを形成していく。

　ここでは、まず乳児が体験する分離や喪失について検討し、不安定なアタッチメントの詳細については、次節以降で述べていく。

❸ アタッチメント対象との分離、喪失を体験すること

　乳児にとっては安全を保証してくれる養育者との分離や喪失は、大きな不安や恐怖を引き起こす出来事として体験される。たとえ、新しい養育者がすぐに現れたとしても、乳児が一度形成したアタッチメント関係は、特定のアタッチメント対象である養育者との間で形成したものであり、簡単に変わりがきくものではない。アタッチメント対象を突然失った子どもたちが見せる反応は、「抗議、絶望、離脱」の経過をたどることが知られている。具体的には、子どもはアタッチメント対象だった養育者のいない状況に不安になり、失ったアタッチメント対象を探し求めアタッチメント行動が活性化される。探しても養育者がいない状況に怒りを感じ、この時に新しい養育者が彼らを慰めようとしても、子どもは拒否を示す。もしこの時点で養育者が戻ってきた場合には、子どもは養育者にアタッチメント行動をするが、なかなか落ち着かず、しばらくは養育者の前で不安定な状況を示す「抗議」を示し続けることが知られている。しかしながら、アタッチメント対象が戻らず、子どもにとって危機的状態が続く場合には、最終的に養育者が戻ってこない現実に直面せざるを得なくなる。すると乳児はもう養育者を求めるアタッチメント行動を行うことがなくなり、「絶望」といわれる状態に陥る。乳児にとってアタッチメント対象を失うことは、自分の一部を失ったような状況であり、そうした苦痛から無気力になったり、一時的に発達が後退し、引きこもったような様子や、刺激に無反応になってしまうこともある。そして、この「絶望」の状況が過ぎると、子どもは一見元気を取り戻したように見えるが、子どもは、そのアタッチメント対象からは「離脱」してしまう。その後、かつてのアタッチメント対象に再会しても、以前のようなアタッチメント行動や近接の行動が同じ養育者には生じなくなる。しかし、子どもが信頼していたアタッチメント対象を喪失した痛みと悲しみは簡単に消えるものではなく、一見元気そうに見えても子どもの中にはそうした喪失の経験はしっかりと刻まれる。里親養育においては、実親との再会で、こうした子どもの反応に実親がショックを受けてしまうことがある。

　再びアタッチメント対象との間の関係が回復するかどうかは、子どもの年齢や分離の期

間、以前に養育者との間で形成していた関係性の質や、分離の間の経験など、それぞれの子どもの状況によって異なってくる。とはいえ、過去に一度でも安定したアタッチメントを形成したことがある子どもは、世界には自分のことを理解してくれる存在がいるのだということを経験しているため、親との間で徐々に以前の関係を取り戻したり、また里親などの新しい養育者に以前のアタッチメント対象と同じような機能を求めることができるようになる可能性も高い。ただアタッチメントは毎日の繰り返しの中で形成されるもので、次の養育者がどんなに敏感性があり利用可能性が高くても、里親などの新しいアタッチメント対象との関係は再びゼロの状態から作り上げていく必要があることをしっかり認識する必要がある。

　社会的養護では、実親からの分離に加え、担当の養育者との別れが繰り返されるのはめずらしくない。特に乳児院から児童養護施設への移行などでは、アタッチメント対象との絆を強く形成した後に、重要な養育者や環境を再び失う体験を重ねる。こうした体験は、子どもの心にとって大きな衝撃を与えるという事実は、決して過小評価することはできない。早期のアタッチメントは、その後の子どもの発達全般に大きな影響を与え続けることが知られており、社会的養護のもとにいる乳幼児においては、いかに子どもに安定した養育者との環境を提供できるのかが、何よりも優先される必要がある。新しい環境に子どもが適応せざるを得ないとしても、分離後もできるだけ子どもの不安を軽減し、新しい環境でも安心感を持つことができるような養育者同士の十分な連携や子どもの生活環境への準備と配慮を行うことが最も重要になる（子どもの喪失や新しい環境への支援については、第2章参照のこと）。

2. 不安定なアタッチメントにおける子どもの特徴

❶ 不安定なアタッチメントとは

　乳児にとって、養育者が自分の近くにいる状況を作り出すことは非常に重要なことであり、養育者が敏感に反応してくれなかったり、子どもにとって常に利用可能でない場合には、子どもたちは安全を確保するために日々の生活の中で養育者の状態を知ることに最も多くの注意やエネルギーを使わざるを得なくなる。そのため、乳児は不安を抱えやすく、安定したアタッチメントの子どものように自由に遊びや探索に没頭したり、養育者を無条件に信頼したりすることが難しくなる。こうした子どもたちは、養育者との間に不安定な

アタッチメントを形成するようになる。

　社会的養護のもとにやってくる子どもたちは、過去の養育経験からこうした不安定なア
タッチメントを形成していることが圧倒的に多い。そのため、それぞれの子どもたちに効
果的な里親養育を行うにあたっては、まずは不安定なアタッチメントの内容やその特徴に
ついて適切に理解することが重要になる。

❷ 不安定なアタッチメントの種類

　不安定なアタッチメントと呼ばれるものには、子どもの養育者への行動が組織化されて
いるものと、全く組織化されていないものの2種類がある。組織化されているというのは、
子どもが養育者の近くにいるための一定の方法を子ども自身が確立しているアタッチメン
トパターンのことを示す。それに対して、組織化されていないとは、養育者の行動が全く
予測できず、子どもが養育者との関係において、どのようなやり方で接すればよいのか方
略を立てられない状況であり、子どもにとって最も混乱が大きいアタッチメントパターン
となる。そこで、以下では組織化された不安定なアタッチメントである回避型とアンビバ
レント型、そして組織化されていなアタッチメントの無秩序型（無方向型）の養育の特徴
とそれぞれの子どもの状態について検討していく。

① 回避型

　回避型のアタッチメントを形成している乳児の親は、子どもの苦痛のシグナルを無視し
たり、拒否的に対応する傾向が高い。そのため、子どもが不安で泣くなどのシグナルを出
したり、親に近づくアタッチメント行動を起こすと、親は怒ったり、無視したりすること
が多い。乳児があやしてほしくて身体接触を求めても、親は抱き上げる代わりにおもちゃ
を差し出したり、他のものに興味を引き、子どもの苦痛を緩和するよりも「私ではなく自
分でなんとかしなさい」といったメッセージを送ってしまう。また子どもが苦痛を示すと、
「そんなに痛くないのに、泣くのはやめなさい」「悲しくなんてないわよ」と子どもの苦痛
を軽視したり、矮小化して、子どものアタッチメント行動を終わらせようとすることもあ
る。遊びなどでは、子どもよりも親が主導権を持ち「電車ならこれよ。ここに置きなさ
い」などと侵入的に介入しやすく、子どもの状態や気持ちを勝手に定義してしまう傾向も
強い。そのため子どもからは、親は利用可能でなく無理やり自分のやり方を押し付けてく
る、と感じられてしまう。

　ただ、こうした親も自分なりに一生懸命に子どもの世話をしようとしていることは事実
である。ただその反応が、子どものシグナルに合わせるよりも自分の目的を重視しやすい
ために、親が許容できる範囲であれば受け取れるが、子どもの苦痛や不安に対するアタッ

チメント行動に対しては、適切に反応しているとは言えない状態になる。そのため、子どもは次第に泣いたり、身体接触を求めるといった苦痛の感情を親に示すことがなくなり、自分だけで苦痛に対処するやり方を身につけ始めるようになる。しかしながら、表面的には、子どもは親に助けを求めなかったり、親と離れても平然とした様子で遊びや探索行動を続けていたとしても、身体的には心拍が上がっていたりストレス反応を感じていることが分かっている。回避型の子どもは、親の存在をしっかりと意識しながらも、心理的苦痛を表現しないことが、親の近くにいることができる最善の方法であるということを学習しているため、そうした反応を抑圧するようになるのである。そして、次第に親の苦痛に対する防衛的な反応を子ども自身も内在化するようになることで、だんだんと自分や他者の心的苦痛や感情に対しても、子ども自身が過小評価しやすくなる。

② アンビバレント型

　アンビバレント型の乳児の親は、子どもへの敏感性や利用可能性が不確かで一貫性がないのが特徴である。親自身が自分の不安や怒りといった感情にとらわれているため、子どもがシグナルを出しても、その時の親の状態によって、すぐに反応する時もあれば、怒ったり、全く反応せず無視してしまう時もあり、子どもへの対応に一貫性がない。子どもは、時にはしっかりと親が反応してくれることもあるために、親からの反応をあきらめることもできず、親に対し葛藤や怒りを感じるようになる。

　その結果、子どもは、親が反応してくれたからといってすぐに泣き止んだり、落ち着いてアタッチメント行動を止めてしまうと、親は物理的にも、心理的にも自分から離れてしまい、次に反応してくれる保障はないと感じる。常に親の関心を自分のもとに引き付けておかなければ危険であると学ぶようになる。その結果、子どもは常に激しい感情や反応を出し続けることで親を自分のもとに留め続けようと必死になり、親が子どもを抱き上げたり、なぐさめても、いつまでも怒っていたり、親のなぐさめに抵抗し続けたりしてしまう。子どもは、親との分離への不安から、常に親の動向に注意を向けざるを得なくなり、自由に環境を探索したり、遊びに没頭することは難しくなる。

③ 無秩序型

　無秩序型の乳児の親は、親自身がDVや精神疾患、トラウマで強い恐怖にさらされていることから親自身がおびえており、子どもを怖がらせてしまったり、あるいは虐待やネグレクトなどの不適切な養育をしてしまうことが多い。そうした状況では、子どもが安心を求めて親に近接しても、親と一緒にいること自体に恐怖を感じてしまう。また子どもが恐怖や不安で泣くなど苦痛のシグナルを出すと、親が子どもの欲求や依存性に圧倒されてし

まい、怒りやパニックを示してしまうこともある。そのため、**親が恐怖を引き起こす対象であるために、次第に子どもは親と関わること自体が危険であると学ぶ**ようになる。

　特に虐待などの不適切な養育では、親にシグナルを出すことは危険なため、子どもは、そうしたアタッチメント行動を一切抑制し、自分の世界に引きこもることで自分を守る行動をとるしかなくなる。ここで回避型と異なるのは、回避型の子どもが苦痛のシグナルを出さないのは、親との近接性を維持する最善のやり方であるからであるが、無秩序型の子どもたちは、**解決法のない恐怖の状態に置かれた状態でやむをえず、世界とつながるスイッチを切り、他者と交流しないことで、その場を生き延びようとする**点である。その結果、子どもは正常な発達のプロセスに見合う刺激や、親密性を伴う身体的なケアを親から受けられないことで感覚情報処理などに問題を抱えることが多くなりやすい。非常に劣悪なネグレクトを受けた乳児などは、自分の身体感覚とのつながりさえも失ってしまい、空腹を感じることや、音や光、色や匂いに対しても、完全に無反応になってしまう場合もある。早期から、物理的にも心理的にも感情や記憶、さまざまな体験から距離を置き、安全を確保する以外、遊びなどの探索行動もできないことで、外界から何かを学ぶという経験が著しく乏しくなってしまう。

---

3. 里親家庭で生じやすい不安定なアタッチメントの問題

　本節では、不安定なアタッチメントを持つ子どもが里親家庭に委託された場合に見られる特徴的な子どもの反応と、里親が感じる養育の困難感について検討する。不安定なアタッチメントパターンの特徴を理解することで、子どもの過去の経験が、里親との関係形成にどのような影響を与え、将来的にどのような問題を引き起こす可能性があるかについてある程度の予測をすることができる。もちろん、子ども一人ひとりの体験は異なるため、単にアタッチメントパターンだけですべての子どもの状態を理解したり、説明ができるものでは決してない。しかし、子どもの行動の背景にある要因を正しく理解できなければ、問題が起きた時の原因を単に子どもの性格や里親の個人的なスキルに結びつけてしまうリスクが高くなる。そのため効果的な里親養育アプローチを提供するには、まず不安定なアタッチメントが里親養育の中でどのような問題につながりやすいのかについて整理して理解することが重要になる。

❶ 回避型の子どもの里親家庭での反応

回避型の子どもは、里親家庭に委託された当初は、大人しく聞き分けのよい、扱いやすい子どもという印象を持たれやすい。しかし、回避型の子どもたちの内的ワーキングモデルでは、養育者の関わりは拒否的、侵入的で、彼らに感情を表現することは危険であり、助けを求めても無駄であるという世界観ができあがっている。そのため里親は乳幼児が、自分を頼らずなんでも1人でやろうとしたり、感情を示さず、里親からの関わりを拒絶し、無関心の態度を示すことに違和感を持ちはじめる。里親として幼い子どもの苦痛を慰めたり、軽減することができるという養育者としての自信や達成感を持てず、時間が経っても子どもと親密な関係を築けないこと、子どもから必要とされていないと感じることで、里親は子どもにどう関わってよいのか分からなくなり、次第に養育への負担を感じやすくなる。

しかし、こうした子どもの反応は、子どもが本当に里親を求めていないのではなく、以前の養育者との関係の中で子どもなりに身につけた方法であり、子どもは不安を感じていても反対の行動をとる可能性があることを理解する必要がある。彼らは常に感情の過小評価を受けてきたことで、感情の表出をすること自体が苦しみを生じさせ、もはや「自分が感じている感情や感覚は果たして正しいのか?」といった混乱や感情への不信感を持つようになっている。そのため、年齢が上がると、ますます苦痛や弱さを否定し、自己防衛的な傾向が強まっていく可能性がある。その結果、否定的な感情は抑圧されるべきであり、理想的な状態のみを意識しやすくなることがある。他者の弱さや苦痛の感情を目にすると、理解や共感よりも、嫌悪や軽蔑、攻撃的な反応で対応してしまうことも増えるため、学校では自慢ばかりする子、いじめをする子とみなされてしまうこともある。

こうした、回避型の子どもへの適切な理解がなければ、里親は子どもから受ける拒否や無関心に、失望や怒り、苛立ちを感じやすくなり、子どもとの関わりへのモチベーションを維持できなくなったり、中には里親自身も子どもに対して同じように拒否的になったり、無関心な態度を示してしまうこともある。

❷ アンビバレント型の子どもの里親家庭での反応

アンビバレント型の子どもは、委託当初から里親を求め、人なつっこく、里親家庭にもすぐに馴染むことができるというという印象を持たれやすい。しかし、子どもが里親からしつけや、家庭内のルールなどで制限を受けたりすると、里親から拒否された、また里親からの愛情を失ったのではないかといった不安が喚起されることで、非常に強い感情表現を示しはじめるようになる。時間が経つと、子どもが強い要求や、常に里親の関心を引く行動を取ったり、何をしても満足しない様子に、里親が強い疲労感や怒り、失望を感じや

すくなる。しかし里親のこうした態度は「自分への関心が失われたのではないか」という不安を子どもに呼び起こし、欲求がさらにエスカレートするという悪循環に陥ってしまう。加えて、里親のパートナーや、他の子どもに対する態度に嫉妬を感じ、関係をじゃましようとしてしまうこともある。また自分に最もよく関わってくれる里親のみに敵対的な態度を示し、もう一方の里親には友好的な態度をとってしまう行動が見られることも少なくないため、里親は子どもに家庭をかき回されていると感じてしまうこともある。

　学校場面や仲間関係でも強い要求や、激しい感情表現が出ると、一時的には周囲の関心を引くものの、最終的には相手からの怒りや無視、排除などに結びついてしまうことも多い。そのため子どもは他者と関係がうまく取れない苦しさから、慢性的に不安を感じ、感情調整の問題も抱えやすくなる。こうした不安は、身体的な不調として家庭や学校で頻繁に表現されていくこともある。

　適切な理解がない状況では、子どもの行動が不安から来ていることを理解するのは非常に難しい。その結果、感情が激しく上下し、底なしに見える子どもの欲求に対して、次第に里親は怒りや無力感を抱え「この子は、私の手に負えない」といった思いを強くしやすい。

❸ 無秩序型の子どもの里親家庭での反応

　無秩序型の乳児は当初、泣くことも、空腹を訴えることもなく、ただよく眠る大人しい子と誤解されることも少なくない。彼らの内的ワーキングモデルは、他者は自分を怖がらせる恐ろしい存在で、避けなくてはいけない危険なものと認識されている。そのため、里親が愛情深い養育を提供しても、なかなか安心感を持つことはできず、逆に今まで体験したことのないような大人との関わりに不安を感じ、おびえたり無反応になりやすい。

　虐待などの不適切な養育を受けていた場合は、親からの適切なケアや言語的なフィードバックが乏しかったため自分の心や身体の状態を適切に理解したり、調整する機会に恵まれず、自己の感覚だけでなく、自分と他人の境界についても曖昧になりやすい。基本的な睡眠や覚醒、食事などの1日のリズムや、人との基本的なコミュニケーション、遊びや探索行動などにも問題を抱えることも多い。その結果、里親が子どもの状態を理解したり、予測することが難しく、養育は最も困難になる。

Episode

　普通、赤ちゃんは起きたらすぐ泣くと思うのですが、この子は起きているのか、寝ているのか全然分からないんです。私が部屋にいる時は本当に動かないし、私が部屋から出て1人になると少し動いていたりするんですが、ソファに座らせてもそのままじっと

動かないことも多くて、この子がいることを忘れてしまいそうになります。お腹が空いても泣くこともないので、ご飯をいつあげればいいのか分からないし、ご飯は止めないかぎり食べ続けてしまうので、食事の量も本当に難しい。お風呂に入れるために裸にすると、いつも震えて、おびえた表情で私を見るので、まるで私が虐待しているみたいな気持ちになります。赤ちゃんって無条件に可愛いと思っていたんですが、彼女の恐怖に満ちた顔を見ていると、気が滅入ってしまいます。

　無秩序型の子どもの世界は混沌として予想がつかず、他人だけでなく、時には自分自身の身体感覚や感情であっても、彼らに不安を生じさせることから、現実とのつながりを切ることで自分の心を守る方法が身についているために、頻繁に解離を起こすことがある。里親はこうした子どもたちの反応を前に、いったい何が子どもたちに起こっているのか分からず、子どもの不安や恐怖に触れることで里親自身も不安定になりやすい。

　身体的に発達し、自分で行動が起こせるようになると無秩序型の子どもたちは、自分で安全を確保しなくてはいけないと感じるため、周りのものを支配し、役割逆転を起こす傾向がある。里親に命令し、服従を求めたり、里親が怒りを感じるような行動をわざとして、以前の養育者との関係を無意識に再現したり、里親の弱みや、嫌なことを見つけ、自分が関係を支配しようとする。あるいは、怒りなどのネガティブな感情をすべて抑制し、大人の前で完全な服従をすることで自分を守ろうとする子どももいる。いずれも、子どもが養育者との関係をコントロールすることで安全を確保する方法で、大人から守られるはずの本来の子どもと大人の役割が逆転した状態になる。また彼らは常に他人の行動から危険のサインを読み取って、逃げたり抵抗するための準備をしているために、他人のちょっとした行動の意図や、感情を誤解し、否定的な反応と結びつけやすい。すべてのエネルギーを危険の察知に使い、恐怖や不安でいつも一杯なため、自由な遊びや、自分の感情を感じたり、他人の視点から物事を捉える視点取得や、共感などの発達が遅れ、そのため仲間関係でトラブルを起こしやすくなる。虐待やネグレクトなどの養育を経験した場合には、恐怖の対象から離れた場面では、抑圧していた怒りが爆発的に表現されたり、攻撃的な行動が頻発してしまい、大人に気づかれないところで、自分より弱い子どもにそうした攻撃性が向いてしまうこともある。

　里親は子どもの行動が理解できないことや、彼らからの不信や警戒、激しい攻撃にさらされることで、里親の持つ養育能力が十分に発揮できず養育者としての自信を失いやすい。特に子どもから投げ込まれる否定的な感情は、里親に怒りや絶望、無気力などを生じやすく、自分自身の感情と子どもの感情の混乱なども起こるため、適切な支援がなければ、周囲への不信感や養育の中断、バーンアウト（燃え尽き）を高い確率で起こしやすくなる。

4. アタッチメントに問題を抱える子どもの里親家庭での支援

❶ 不安定なアタッチメントを抱える子どもへの対応

　本節では、不安定なアタッチメントの特徴を考慮しつつ、里親家庭で具体的にどのような対応を行っていくべきかについて検討していく。不安定なアタッチメントを形成している子どもたちは、いずれも養育者が子どもの状態を敏感に理解したり、子どものための利用可能性を提供できない問題があった。そのため、まず最も重要なのは、子どもがどのような状態であっても、里親が一貫して子どもへの敏感性と利用可能性を示し続けることである。そして、里親は以前の養育者とは違うのだということを、子どもが実感し、それを体験できることがまずは目標になる。中でも乳幼児は、食事や睡眠、入浴、排泄など多くの場面で、里親のケアを受けざるを得ないため、里親が身体的なケアや日常生活を通して子どもとの関係を新たに形成するチャンスを多く持つことができる。そこで、ここでは主に乳幼児に対する里親家庭での具体的な支援の方法について論じていく。しかしながら、どの年齢においても基本的な原則は大きく異なることはない。子どもとの生活の中で、彼らをよく観察し、子どもが里親といても恐怖や不安を感じないように段階的にアプローチし、関係性の構築を焦らずに進めていくことが重要になる。

① 関わりを拒否する子どもへの支援

　里親からの関わりに抵抗や拒否感を示しやすい回避型や無秩序型の乳幼児は、手をつないだり、抱き上げたりといった身体接触を嫌がり、ミルクも1人で飲んだり、食事も自分で食べたがり、里親との添い寝なども嫌がることが多い。こうした場合には、無理に里親が関わろうとすると、そうした行動が子どもにとって侵入的だと捉えられやすい。まずは子どものやりたい方法を尊重し見守るようにする。例えば、目を合わせるのを嫌がる場合は、視線を外して背後に座ってみたり、子どものペースに合わせながらも、子どもが不安にならない距離で近づき、優しい声かけなどを行い様子をしばらく見る。

　感情を示したり、助けを求めることが苦手な彼らは、苦痛を伴う否定的な感情を表現することは最もハードルが高いため、肯定的な感情から始めてみるほうが抵抗が少ないことが多い。しかし、たとえ肯定的なものでも大げさな表情や声のトーンは子どもを怖がらせることもあるため、関わりへの拒否が強い子どもの場合には、穏やかな声のトーンや軽く微笑むなど、控えめな感情表現などから始めるとよい。遊んでいる時は、比較的、子どもの緊張感が高くないようであれば、絵本やおもちゃなどを介して間接的に話しかけ、その

中で子どもの行動や感情を共有したり、そっと肩や手に触れるなどのスキンシップも子どもが不安にならない程度に段階的に行っていくのがよい。

② 不安が強い子どもへの支援

すぐに不安になりやすいアンビバレント型の乳幼児は、里親は常に利用可能で、子どもへの関心が離れることはないというメッセージを集中的に与えることが効果的である。子どもの現実の年齢にこだわらず、新生児に対応するように不安を感じる場面では常に里親が敏感に応答することを意識するようにする。子どもが1人で何かをしなくてはいけない場面では、不安が喚起されやすいため、食事や着替え、排泄や歯磨き就寝などで、子どもを抱っこしたり、手をつなぐ、身体をさする、膝に乗せるといった身体接触を伴った関わりや、里親からの笑顔や優しい声かけを集中的に行い、里親は、いつも子どもを気にかけているというメッセージを、子どもが不安を感じる前から繰り返し示しておく。彼らがかつて得られなかった安定的に自分のシグナルを受け止めてもらえるという状況を現実に体験することで、常に激しい感情表現をしなくても、里親はいつでも自分の近くにいて不安を軽減してくれるのだという安心感や信頼感を育てていくことが重要になる。こうした状況が整うことで、子どもは里親の動向を過度に心配することなく、探索行動を行うことができ、里親を安全基地として利用することができるようになる。そうなると、自然と集中して自分の遊びや探索行動に没頭することも可能になる。そのためアンビバレント型のような子どもの養育に臨む際には、はじめに集中的に子どもに対応するための物理的、精神的な時間や余裕が里親に必要になる。

③ 混乱の強い子どもへの支援

無秩序型のような不適切な養育を受けてきた乳幼児の場合は、しっかりとした生活リズムが確立していなかったり、現実との関わりをすぐに断ち切ってしまうなど、自分自身で不安や恐怖をやり過ごすための方略を確立してしまっていることが多い。そのため行動の理解が難しく、子ども自身も自分の行動の一貫性をうまく保つことができないことがある。

混乱し、他者との交流も危険だと感じてきた子どもにとっては、まずは一貫して安定した日常生活の繰り返しと、予測可能な安全な生活環境を整えることが最も重要になる。生活に規則性があり、里親の行動が子どもにとって理解しやすいことで、子どもは安心感を持つことができる。また自分自身や他者の感情の認識や理解について学ぶ際には、脅威の少ない感情表現から始めるのがよい。はじめは絵本やテレビのキャラクター、里親自身をモデルに使い、どのような場面に、どのような感情が生じるのか、それぞれの感情の役割や、そうした感情が与える影響などを丁寧に伝えていく必要がある。また子どもに感情と

行動の結びつきを現実の場面に即して、ひとつひとつ伝えることが効果的である。そのため、家庭内や、友人関係などでトラブルが起きた時は、自分や他人の感情について学ぶチャンスとして利用するのがよい。友達とのトラブルが起きた時の状況を正確に理解し、その時の本人の状態と行動、またそれが引き起こした周囲の感情や反応を具体的に繰り返し説明していくことが重要となる。そのため、子どもを取り巻く関係者、幼稚園や学校、里親家族や支援者が全員で情報を共有し、全体として子どもに一貫した関わりを行っていくことが大切になる。

　また里親が子どものトラウマ的な反応に気づかず、子どもとのコントロールの奪い合いや、役割逆転に巻き込まれないように注意しなくてはならない。里親自身が子どもとの関係の中で、彼らの感情の混乱に巻き込まれることも増えるために、チーム養育を強く意識した専門家による積極的なサポートや助言を受け、子どもと自分の状態について適切な理解をもつことが必須になる。里親が危険でも、恐怖の対象でもないと認識できると、子どもは徐々に里親に自分のことを委ねることができるようになり、より組織化したアタッチメントを形成しやすくなる。その後は、回避型やアンビバレント型の子どもたちの特徴に準ずる反応が出てきやすくなるため、子どもの状態に合わせて柔軟に対応していくことが必要になる。

④ 子どもの強みを見つける

　里親はチーム養育の中で、子どもの強みを理解しながら、それぞれの養育の目標や方向性を確認することが重要である。里親養育では、子どもを変えることを目標にするのではなく、あくまで子ども自身の持つ強みを活かしながら、子どもが状況に応じて柔軟に対応できる適応的な方法の選択肢を持つことができるように支援することが最終的な目標になる。具体的には、回避型であれば、常に自律的で感情に左右されない行動ができることが彼らの最大の強みであり、そうした強みを活かしながら、過度の感情抑制を減らし、信頼できる相手には安心して感情を出したり、助けを求められるようになることを目標にする。またアンビバレント型であれば、豊かな感情表現が強みであり、その中で状況に適した形で、過剰でない感情表現ができるようになることや、衝動的な行動を起こす前に立ち止まるための方法を持つこと、他者への助けを適切なやり方で求められる方法を学ぶことが目標になるだろう。無秩序型の子どもの場合には、破壊的な衝動性と建設的な衝動性の違いを学び、自分の行動や感情が、どんな時に起こるのか理解し、世界に対する恐怖感や無力感を減らしていく。また他者の行動とネガティブなものを過度に結びつけることなく人との交流に安心感を持ち、不安に対してより組織化された対処法を持つことができるようになることなどが目標になる。

里親がそれぞれの子どもの強みや小さな変化や成長を認めていくことで、子どももありのままの自分が受け入れられ、大切にされる存在であるという感覚を発達させていくことができる。安定した環境と関係性が繰り返される中で、子どもが里親に対して信頼感や安心感を抱けるようになると、里親は次第に子どもにとっての安全の避難所や安全基地（安心の基地）として機能しはじめる。その中で、子どもが里親の機能を取り入れ内在化するようになることで、子どもの内的ワーキングモデルの修正や、安定したアタッチメントへの変化の兆しが期待できる。しかしながら、子どもが一度身につけた方略を変化させるには長い時間がかかるのも事実である。特に初期は、子どもの変化がなかなか見られないために、そうした変化が見られるまで里親が養育に希望を持ち、モチベーションを継続できるようチーム養育によるきめ細やかなサポートが重要になる。

❷ 問題に応じた専門家との連携

　他者との安定した関係を経験したことがない子どもは、安定した親密な感情を体験すると、逆に不安を感じ、自らそれを破壊する行動を行うことがある。また関係づくりのプロセスにおいては一時的に過去の養育者への怒りや不信感が里親に強く投影され、子どもからの理不尽なほどの強い怒りや攻撃を受けてしまうことはめずらしくない。そうした時も、冷静に自分自身の感情をコントロールし、子どもへの安定した養育を提供できるためには、里親が普段から十分なサポートを受けていることが重要になる。

　また子どもの状況によっては、子どもに個別の心理療法などを提供することも有効である。心理職との連携では、子どもからの激しい怒りや攻撃性が、里親だけに集中したり、家庭内で頻発することを防ぎ、支援者とともに子どもの状態を共有しながら、専門的な支援方法や子どもの心理学的な情報を得られるメリットがある。その結果、里親の不安や孤独感の軽減、強い疲労感や無力感からくる里親養育の中断を防ぐ効果もある。

　また里親の中には、子どもたちとの関わりから、過去の自分自身の生い立ちの問題が呼び起こされる者も少なくない。そうした際には、里親自身も個別の心理療法を受けることを検討したり、積極的にペアレンティングの研修を受けることが効果的である。しかし、里親家庭における子どもとの関わりについては、適切な支援者によるチーム養育が最も重要なことは変わりなく、そうしたチーム養育がしっかりと機能することで、里親が子どもに安定した養育の継続を行うことが可能になる。

❸ 支援機関が提供する安全基地

　スコフィールドらは、効果的な里親支援を行う際には、支援者が里親にとっての安全基地として機能することの重要さを指摘している（Schofild & Beek, 2018）。里親が困った時に、

いつでも利用可能なサポート（電話相談、訪問、レスパイト、ピアサポート、研修）と、普段から里親の状態をしっかりと理解し、その気持ちを受け止めてくれる敏感性を持った支援者の存在の保障である。その中で、里親が安心感や信頼感を形成することができることで、必要な時に周囲に助けを求めることができるようになる。こうした信頼関係や安心感を里親が感じられなければ、不安定なアタッチメントを持った子どもたちと同じように、里親が困っても一番親身になってくれるはずの人に助けてもらえないという無力感や、自分たちでどうにかするしかないという孤立感から怒りや絶望につながり、支援機関との関係の悪化が起こりやすい。その結果、里親としての自信の喪失や新しいサポートやリソースを探索的に見つけていく力も失われやすくなる。里親が子どもに対して安定したアタッチメント関係を提供できるようにするには、まずは里親が不安を感じた時にすぐに安心を回復できる十分な支援環境の整備とサポートが必須になる。また同時に、こうした里親と子どもを支援する里親ソーシャルワークにおいても、それを提供する支援者に必要な研修やスーパーバイズ、チーム支援の整備が必要なのは言うまでもない。

（御園生直美）

▶参考・引用文献

工藤晋平（2020）『支援者のための臨床的アタッチメント論——「安心感のケア」に向けて』ミネルヴァ書房

Music, G.（2011）*Nurturing natures: Attachemnt and Children's emotoional, sociocultural and brain development*, Psychology Press.（鵜飼奈津子監訳（2016）『子どものこころの発達を支えるもの——アタッチメントと神経科学、そして精神分析の出合うところ』誠信書房）

Schofield, G. & Beek, M（2018）*Attachment handbook for foster care and adoption*, CoramBAFF.

第9章

トラウマや
逆境体験のある
子どもの理解と対応

Key Word

トラウマ／逆境／虐待／ネグレクト／トラウマインフォームドケア

はじめに

　子どもが育つのにもっとも重要なのは、安全な環境と安心できる関係性である。とりわけ幼少期の成育環境は、その後の生き方に大きく影響する。**養育者とのアタッチメントが他者との関わり方のひな形になり、家庭で学んだ価値観が社会で生きるうえでの指針になる**からである。

　人生には、ストレスや困難がつきものであり、人はその苦難に耐えたり、他者の助けを求めたり、それを乗り越えたりしながら成長する。つまり、ストレスそのものが有害なのではなく、それが自分で対処できる程度の負荷であり、他者の力を借りられる状況であるならば、さほど問題にはならない。「雨降って地固まる」というように、個人の成長だけでなく、家族全体の前向きな変化につながることもある。

　ところが、虐待やネグレクト、両親のDV（ドメスティック・バイオレンス）やアルコールや薬物等への依存（アディクション）は、子どもの安全や安心を根本から揺るがす出来事であり、時に命の危険を伴うほどの危機である。暴力による苦痛だけでなく、何が起こるか分からないという緊張感、親の機嫌次第で変わる日常生活やルールへの困惑、責め立てられることによる罪悪感、愛されないという絶望——こうした心理状態で暮らす子どもは、どこにいても警戒して過覚醒となり、落ち着きがなく、他の子どもや大人に対して攻撃的になりやすい。過酷な状況を生き延びるために、自分の感情や感覚を麻痺させるしかなかった子どもは、相手の気持ちどころか自分の気持ちすら分からず、他者への不信感も強いことから、周囲に適切に甘えたり頼ったりすることが難しい。「大雨」が降り続ければ、どんな地盤も弱くなり、ちょっとした雨でも「土砂崩れ」を起こしやすくなるように、幼少期に守られなかった体験は、子どもをタフにするどころか脆弱にしてしまうといえる。

　社会的養護における養育では、こうした子どもたちの回復を支え、成長を促すような働きかけが求められる。安全と安心を高めるためには、子どもの体験とその影響を理解し、その状態に合わせて対応する必要がある。里親や施設職員等の養育者（以下、里親）もまた安全や安心を感じることができるように、里親への社会的支援も不可欠である。

----

1. トラウマと逆境体験

----

❶ トラウマとその影響

　トラウマ（trauma）とは、通常の方法では対処できない有害なストレスであり、災害や

事件・事故、暴力被害等の出来事とその影響をさす。心的外傷と訳され、身体面の外傷が治ったとしても、「こころのケガ」による精神面への影響が残ることがある。

　本来、子どもを守り育てる立場である親からの虐待やネグレクトは、長期にわたって繰り返される暴力であり、子どもの発達全般を阻害するものであることから、発達性トラウマ（developmental trauma；Courtois, 2004）と呼ばれる。親の愛情と拒否、子どもへの執着と無関心といった一貫性のない不適切な関わりによって、子どものアタッチメントは混乱する。子どもの不安や不快を親になだめてもらうことで安心や快適さを得るアタッチメントが形成されないと、子どもは常に不安や恐れをいだくようになる。

　発達性トラウマは、情動の調整困難を伴う症状をもたらし、子どもは怒りや自己破壊的行動、衝動的で危険な行動をとりやすくなる。トラウマの場面が思い出せなかったり（健忘・解離）、精神的苦痛が身体不調や自傷行為などの行動化で表されたりする。自責感や他者への不信感も強まるため、学校や社会で安定した対人関係を持ったり、健康で安全な生活を送ったりすることが難しくなる。

　安全ではない環境に置かれた子どもの脳は、危険を察知するために過覚醒状態になり、幼少期に必要な学びが十分にできなくなる。過覚醒による多動や衝動的な行動はADHD（注意欠如・多動症）に類似しているが、生得的な特性というより不安や警戒による落ち着きのなさや強迫的な行動化である場合、トラウマの影響も考えられる。実際には、発達障害の子どもが虐待を受けていた場合も少なくないため、両者を明確に分けることは難しい。

　トラウマを体験すると、世界は危険なところであり、他者は信じられず、自分は無力であるという否定的な認知（非機能的認知）が強まる。そのため、里親宅や施設、転校先などの新たな環境に対する恐れや不安が強く、力関係ばかり気にしたりする。子どもにとって、人との関わりは「やるか――やられるか」という暴力や支配の関係でしかなく、自分に近づいてくる大人を試したり、攻撃したりする。その一方で、相手にかまわずベタベタしたり、独占しようとしたりもする。

　性的虐待を受けた子どもは、あけすけに性的な話題を口にしたり、すぐに性的な関係を持とうとしたりすることがある。リスクのある性行動がみられる場合が多いが、逆に、他者から性的なまなざしで見られることを嫌悪して、男性を避けたり、季節にかかわらず肌を隠した服装でいたがったりすることもある。

　子ども同士の関係性でも、攻撃や嫌がらせをしたり、自慢や束縛といった方法で友達を求めたりするので、対人トラブルになりやすい。結果、周囲になじめず、いじめられて孤立したり、問題行動として教員から叱責されたりすることが再トラウマとなり、ますます事態が悪くなっていくという悪循環が生じやすい（表9-1）。

表9-1　子どもにみられやすいトラウマ反応

・**再体験**：トラウマ記憶が想起され、まるでその場にいるように動悸や発汗が生じる（フラッシュバック）。混乱して暴れたり、呆然としていたりする。睡眠中に悪夢を見ることもあり、寝ることを怖がるようになる。

・**回避**：トラウマに関連する話ができなかったり、それにまつわるものを避けたりする。嫌がるというより近づけないため、生活にも支障をきたす。

・**認知や気分の異常**：トラウマ体験を思い出せなかったり、長く自分や他者を責め続けたり（持続的な否定的信念）、楽しみや興味を失う（陰性感情）。

・**覚醒や反応性の異常**：過覚醒によるイライラや感情爆発、自己破壊的な行動、過度の警戒心、不眠や集中困難などの顕著な変化。対人トラブルや逸脱行為、学習面の困難さを起こしやすい。

・**解離**：トラウマ記憶を思い出しそうになると、意識がなくなったり、ぼんやりしたりする。危険な状況で解離すると、再被害や事故に遭いやすくなる。

・**退行**：いわゆる赤ちゃん返り。夜尿や指しゃぶり、爪かみなどが再発する。わがままにみえるふるまいや、ベタベタと甘える分離不安が起きたりする。

・**再演による行動化**：トラウマのエピソードを遊びの中で繰り返したり、自分がされた暴力を他の児童に行ったりする。再被害にあいやすいような状況に身を置いたり、挑発や接近によって相手の攻撃を引き出したりする。

出所：APA（2013）に基づいて著者が加筆して作成。

▶▶▶実践上のヒント

　社会的養護で暮らす子どもがどのようなトラウマ体験を持っているのかは、児童相談所等がある程度把握しているものの、すべてが明らかにされているわけではない。子ども自身、一時的に忘れていたり、考えないようにしていることは語らないからだ。

　無理に話させるべきではないが、生活の中で子どもが「こんなことがあった」と話し始めたら、「そうだったんだね」と受け止めながら、しっかりと聴く。にわかに信じられないような話であったり、子どもの境遇が不憫に思えたりするかもしれないが、「本当？」と確認したり、「もう忘れなさい」と励ましたりすると、子どもは自分の話を信じてもらえなかったと感じてしまう。話が終わったら子どもを落ち着かせ、話の内容によって児童相談所に連絡し、どのようにしたらよいか助言を受けるとよい。

❷ 逆境体験

　虐待・ネグレクトのような「こころのケガ」となるトラウマのほかに、子どもが成長するうえで安全ではない体験を逆境（adversity）という。性暴力、両親のDVや離別、親の依存や精神健康上の問題（うつ病、自殺の危険等）、家族の収監といった被害体験や家族の機能不全などがあたる。18歳までに幾種類もの逆境的小児期体験（Adverse Childhood Experiences: ACEs）があると、神経発達不全や社会的・情緒的・認知的な問題が引き起こされ、喫煙、暴飲暴食、薬物依存等の危険な行動を増やし、精神及び身体疾患の有病率、自殺のリスク、犯罪などの社会適応上の問題、貧困、早期の死亡等につながることが明らかにされている（Felitti et al., 1998; Metzler et al., 2017）。

逆境体験にはトラウマも含まれるが、例えば、親のアルコール依存のように、それ自体が子どもの生命を脅かすことはないものの、子どもは親を心配して、子どもが親の代わりにケア役割をとらざるを得なくなるなど、子どもの発達や生き方に影響を及ぼすものである。過覚醒による情動調整困難といったトラウマ反応とは異なり、こうした逆境体験のある子どもは、大人の顔色や周囲の機嫌に敏感であり、過剰適応になりやすい。常に他者を優先し、どこでもケア役割をとろうとする行動の裏には、子どもの低い自己肯定感と強い不安、怒りや無力感がある。機能不全家族で育つことは、子どもらしく健やかに過ごせないという意味で、子ども時代の喪失をもたらすものといえる。

▶▶▶実践上のヒント

　トラウマや逆境を体験した子どものほとんどが「自分が悪い子だったからいけない」という自責感をいだいている。自然災害でさえ、子どもは「自分が大人の言うことを聞かなかったから、バチがあたったのだ」と自分を責めていることがある。また、親のDVや飲酒を止められないことへの罪悪感や、家庭のことを誰にも話せないという孤立感をいだいている。性被害を受けたことを恥じている子どもも少なくない。

　トラウマや逆境は、その体験自体の恐怖や苦痛だけでなく、その後もずっと自分を責め続けていたり、自己肯定感を持てずにいたりすることによって、健全な成長を阻害するものである。子どもの自信のなさや自暴自棄な態度がみられた時には、行動の背景にある子どもの不安やあきらめの気持ちを受け止めながら、子どものよい面を積極的に伝えていきたい。

2. トラウマインフォームドケア

❶ トラウマを理解して関わる

　トラウマや逆境体験を持つ子どもに関わる際は、今、起きている反応や行動が「トラウマの影響かもしれない」という視点で捉えることが役に立つ。とくに、子どもの不機嫌やイライラ、落ち着きのなさといった不穏な行動がみられたり、頭痛・腹痛や倦怠感（だるい、眠い）などの身体不良を訴えたり、泣き叫んだりパニックを起こしたりするような何らかの症状が示された時には、その背景にあるトラウマの影響を考えてみるとよい。「何が起きているのか？」を理解することは、たとえるなら、今の状態をトラウマの「メガ

ネ」で見てみようとする姿勢である。

　上述したように、トラウマは、認知や情動、神経系の反応を含む発達全般に影響を及ぼす。そのため、たとえ安全な場面でも、トラウマの記憶を思い出させるような刺激やきっかけがあれば、子どもは瞬時に「危険だ」と感じて、反撃や防御の態勢をとる。こうした本人のトラウマ反応を引き起こすきっかけをリマインダーといい、そのうちフラッシュバックのリマインダーをトリガーと呼ぶ。リマインダーとなる刺激そのものは危険なものではない。危険なものに警戒するのは正常な反応であるが、無害な刺激にも過剰に反応してしまい、日常生活を送るのを困難にしてしまうのがトラウマ反応である。しかし、周囲はもとより本人ですら、自分が何に反応してどうなったのか、リマインダーとトラウマ反応のつながりに気づけていないことが多い。そのため、急に暴れたと捉えられ、周囲から非難されやすい。本人も、どのように自分の行動をコントロールすればよいのか分からないので、叱責が繰り返されるたびに、自信を失い、自己否定感が強まってしまう。

　こうしたトラブルの原因を理解し、大人は子どもに再トラウマを与えるような言い方をするのではなく、子どもと一緒にトラウマの影響を理解し、適切に関わっていくことが求められる。そして、子ども自身が自己調整力を高めていけるように、具体的なスキルの練習を重ねながら支援する。これがトラウマインフォームドケア（Trauma Informed Care: TIC）というアプローチである。インフォームドとは、「理解する・前提とする」という意味であり、TICは子どもの状態をトラウマの観点から捉える姿勢や関わり方をいう（野坂 2019）。

❷ 公衆衛生としての TIC

　一般的に、トラウマケアがトラウマ記憶を扱う専門的な治療やセラピーを指すのに対して、TICは子どもが体験したトラウマについて詳しく聴くものではない。「こころのケガ」に関する基本的な知識を子どもと共有し、日常生活でできる手当（ケア）をするのがTICであり、専門家だけでなく身近な大人ができる支援である。

　例えば、子どもが熱を出した時、高熱が続いたり、けいれんを起こしたりしたならば、医療機関で専門的な治療を受ける必要があるが、通常は、子どもの「いつもと違う表情や行動」に気づき、「風邪かもしれない」と認識し、「水分や消化のよいものを摂らせて、ゆっくり寝かせる」という対処をするだろう。これは、医療の専門家にかぎらず、誰もが風邪の基本的な症状と対処法を知っているからこそできる手当（ケア）である。このレベルの対応をインフォームドケアといい、誰でも健康を守るための方法を知っていることで適切な対処ができるという公衆衛生の考え方に基づくものである。

　このように、「ぼんやりしている」とか「食事を残した」という行動が何らかの病気のサインかもしれないという理解があれば、子どもを叱らずに休ませることができる。しか

し、トラウマの症状を知らないと、「ぼんやりしている」のを怠けや反抗とみなしたり、「食事を残した」のはルール違反だと叱責するような不適切な対応をとってしまうかもしれない。トラウマや逆境体験の影響によって生じている問題なのに、「問題がある子どもだから被害にあったのだ」と逆のつながりで捉えてしまうという誤解も起こりやすい。まずは、子どもに関わるすべての大人がトラウマの基本的な知識を持つことが大切である。

> **Episode**
>
> 　朝から不機嫌そうにしている子どもの態度を見かねた里父が「一日の始まりが、台なしになる」と注意すると、子どもは朝食もとらずに部屋にこもってしまった。里母が追いかけ、子どもに「顔色が悪いようだけど、眠れなかったの?」と訊ねると、夜中に寝室前の廊下を歩く足音を聞いて目が覚め、実父がやってきたように感じ、布団の中で身を潜めていたという。実父から性的虐待を受けていた時のことを思い出したのかもしれないと気づいた里母は、「それは怖かったね」と伝え、寝不足だった子どもをいたわり休ませた。後日、児童相談所の児童心理司から子どもに「こころのケガをすると、怖かった時のことを思い出して不調になることがあるよ」という心理教育(➡171頁参照)をしてもらった。

❸ TICによる理解の流れ

TICは、支援者である里親が子どものトラウマについて基本的な知識を持つことから始まる。子どもの反応や行動をトラウマのメガネで見ることで、その状態がトラウマの影響かもしれないと認識することができる。そして、子どもを落ち着かせるなどの効果的な対応をとることによって、子どもの再トラウマを防ぐことがめざされる(図9-1)。

図9-1　トラウマインフォームドケアの4つのステップ
出所:SAMHSA(2014)に基づき著者作成。

　具体的には、まず、子どもの行動を「何が起きているのだろう」といった観点から整理していく。図9-2のように、子どもの行動は、過去のトラウマ体験を背景に、今の生活の

中のリマインダーによって引き起こされたトラウマ関連症状であると捉えることができる。このメカニズムを示したトラウマの三角形（亀岡 2020）をイメージしながら、里親や支援者が子どもに起きているトラウマのつながりを想定し、そのあとで本人と一緒に子どもの身に起きていたことを探っていく。

　トラウマ反応は瞬時に起こるうえ、本人もトラウマの回避症状によって無意識のうちに考えるのを避けているため、引き金となったリマインダーに気づいていないことがほとんどである。本人は「突然」あるいは「たまたま」不調をきたしたと感じており、トラウマ反応を起こすたびに、「いつおかしくなるか分からない」という無力感が高まっていく。

　リマインダーを把握すると、子どもが自分のトラウマ反応を認識しやすくなるため、あらかじめリマインダーを避けたり、備えたりするという積極的な調整ができるようになる。例えば、「家族の話題」が寂しさやイライラを生じさせるリマインダーになる子どもに対しては、「友達との会話で、急に家族の話題になったら、どうなりそう？　どうする？」と話し合っておくとよい。「その場を離れる」「話題を変える」といった方法でかわしたり、子どもの年齢によっては「家族の話に触れてほしくない」とアサーティブ（自己主張的）に伝えたりすることもできるだろう。その時に対処できなくても、あとから保健室で話を聴いてもらって落ち着くのでもよい。トラウマ反応をなくそうとするのではなく、子どもが自分の傾向を理解し、自分の症状とうまくつきあっていけるように支援する。

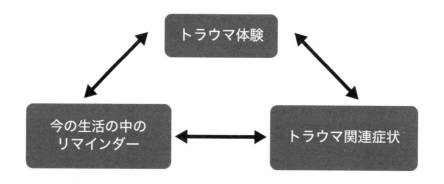

図9-2　トラウマの三角形
出所：亀岡（2020）より。

▶▶▶実践上のヒント

　子どものトラウマの影響は、児童相談所など外部機関の専門家と一緒に考える。日常のどんな時に不穏や不調になりやすいか、生活を共にしている里親がリストアップしておくと検討しやすい。気になる行動がみられた時の少し前に何があったか、具体的に思い出すとよい。リマインダーには、過去のトラウマを連想させるような刺激

（音、におい、接触、人、ニュースなど）のほか、特定の時間帯や状況（入眠時、寂しい時など）、親との面会や交流といった機会などがある。

❹ 心理教育と情動調整

　トラウマのつながりがみえてきたら、トラウマとその影響について、子どもに一般的な情報を伝える。これを心理教育といい、「こころのケガ」といった比喩を用いながら、ケガによる苦痛や不調は誰にでも起こりうるものだと妥当化する。それによって、「自分がいけなかった」と思い込んでいる子どもの恥の気持ちや自責感が軽減される。「自分のせいではなく、こころのケガでうまくいかなかったんだ」と分かることで、失われていた自信を少しずつ取り戻すことができる。

　それと同時に、「自分なんて、何をやってもダメだ」と決めつけていた考え方も見直し、「やればできるかもしれない」と前向きな気持ちになれるように支えていく。もし、過去のトラウマを言い訳にして、「自分だって、やられたんだから」などと自分のルール違反を正当化したり、やるべきことをやらなかったりした時は、「自分がやられた時は納得いかなかったよね」と過去の不満を聴きつつ、過去は変えられないが未来は自分で変えていけると伝えることができる。この先も「自分なんて」と自分自身を卑下したり、傷つけたりしていくのか、あるいは「自分はできる」と信じて前向きに生きるかを子ども自身が選択する大切な機会になる。身近な大人である里親が子どもの変化を信じることで、子どもは応援されていると感じるものである。

　また、過覚醒による興奮や怒りへの対処や情動調整として、呼吸法や筋弛緩法などのリラクセーションや、解離が起こりそうになった時のグラウンディングを練習する（表9-2）。ふだんから「一呼吸しよう」「温かいものを飲んで休憩しよう」といった声かけをして、里親も一緒に取り組んでいくとよい。最初は、「そんなことをしても効果がない」とあきらめたり、いやがったりする子どもも多いが、少しずつリラックスした状態に慣れることをめざしていく。TICの観点から、緊張や不安を感じてきた子どもはこうしたスキルを身につけるのが難しいことを理解し、励ましながら続けてほしい。

表9-2　リラクセーションとグラウンディングのやり方

呼吸法：軽く息を吸って、ゆっくり長く息を吐くという呼吸を何回か続ける。

筋弛緩法：手のひらや腕、肩など、からだの一部にぎゅっと力を入れて10秒数えたあと、一気に脱力させると、血行がよくなってじんわりと温まる。

グラウンディング：意識が過去に引き戻されそうになったら、現在の状況や感覚に意識を向けて「今、ここ」に留まる。見えている色や物を頭の中で機械的に読み上げたり、何か握った時の感触に集中してみたりする。

出所：野坂・浅野（2016）より。

3. 里親家庭での対応

❶ お互いに理解しあう

　里親として子どもを迎えることは大きな決断であり、受け入れまでには外部機関との連携や調整などの準備を要する。慎重な判断が求められるが、ここまでは他の援助職と一緒に考えていくため、里親も周囲の支えと共にあるといえる。

　さまざまな準備を経て、子どもと暮らすようになると、予測していなかった困難さにみまわれたり、逆に、拍子抜けするほどすんなり生活が始まったりもする。子どもの状態や里親としての経験だけでなく、家族との相性や環境などさまざまな要因が影響するため、里親家庭での子どもの適応は事前に把握しきれないものである。

　トラウマや逆境体験のある子どもは、新しい環境や関係性になじみにくいだけでなく、安心すればするほど不安を感じやすくなることがある。里親に温かく接してもらい、大事にされていると感じることは、社会的養護においてもっとも重要な体験だが、被虐待児は穏やかな気分や自尊感情を持つことに不慣れである。また、里親との関係性が深まれば深まるほど、実親との別離にまつわる喪失感や恐怖がよみがえったり、実親への罪悪感をいだいたりすることもある。そのため、最初に子どもと信頼関係を築く難しさがあるだけでなく、子どもの養育にあたる中では、常に子どもの不信や疑念、過度な甘えや試し行動などが表れるものである。

　関係ができてきたと思っていた頃に、子どもの反発や逸脱行為が起きると、里親としては「うまくいっていると思ったのに、信頼されていなかったのか」「これまでの子どもの態度は嘘だったのか」とショックを受け、悲しみや怒りを覚えるかもしれない。しかし、幼少期に大人に裏切られたと感じた子どもにとって、新たな関係性をつくったり、自分が愛されていると信じたりすることは、容易ではない。そうした子どもの心情や反応を理解し、子どももまた里親を理解するための時間が必要なのだと考えて、焦らず取り組みたい。

▶▶▶実践上のヒント

　虐待やネグレクトによるアタッチメント不全は、子どもの基本的信頼感を損なう。そのため、里親がどれほど愛情や関心を注いだとしても、子ども自身は疑念が拭えず、かえって不安や反発を示すことがある。養育者自身の気持ちを伝えようとするより、まず、そうした子どもの自信のなさやアンビバレント（両価的）な気持ちを分かろうとする姿勢が求められる。信頼感は、子どもの側が養育者に対していだくものではな

く、養育者も子どものことを知り、相手の態度や行動の背景を理解していくことによって築かれるものであり、時間をかけてお互いに高めあっていくものである。

❷ 子どもの状態を一緒に理解していく

　子どもが不調になったり、ルール違反がみられたりした時、「何があったの？」と尋ねても、子どもがうまく答えられないことがある。都合の悪いことを隠そうとしていたり、恥ずかしくて言えなかったりすることもあるが、必ずしも、ごまかしているわけではなく、本人も「なぜ、そうなったのか分からない」ということがよくある。トラウマの心理教育を受けていなければ、トラウマ反応を自覚するのは難しい。そのため、「言ってごらん」と促しても話せない場合は、「何があったのか、一緒に考えてみよう」と共に考えていくような関わりをするとよい。

　トラウマ反応の多くは、周囲の何気ない言動によって、自分が非難されたり、笑われたりしたように感じて、怒りや不安がかきたてられたことによる反射的な行動化である。とっさに反撃したり、飛び出したりしてしまうが、本人は解離を起こしていて「頭が真っ白になった」「覚えていない」ということもある。状況を知っている担任や養護教諭と連絡を取り、「どんな時にトラウマ反応が起こりやすいのか」といった情報を集めていくと、子どもが苦手な場面が分かるようになるだろう。

　被虐待児は、特定の刺激に対して過敏でパニックを起こしやすい一方、身体的な痛みや感覚に鈍いことがある。ネグレクトによって、排せつや清潔（入浴や洗顔、歯磨き、着替えなど）の習慣がついていなかったり、生活リズムが崩れていたりすると、身体感覚も鈍麻していく。ひどい便秘や寝不足、生理痛などが、心身の不調につながっていることもある。

Episode

　小学校低学年の子どもについて、担任から「休み時間に、急に友達をつきとばした」と連絡があった。ふだん仲よくしていた友達だっただけに、担任も驚き、相手の保護者からも「うちの子もショックを受けている」と言われた。本人は泣くばかりで、里親は困ってしまった。時間をかけて聴くと、友達から両親にもらった誕生日プレゼントの話を聞き、「自慢されたみたいで悔しかった」と感じて思わず手が出てしまったことが分かった。子どもの誕生日には、実親からの連絡はなく、里親の家族でお祝いをし、本人も嬉しそうにしていたので、里親は「気にしていないようだ」と思っていた。祝ってくれた家族には言いにくい気持ちもあったのかもしれないと考えた里親は、子どもの気持ちをゆっくり聴いた。落ち着いてから、里親と一緒に友達に謝りに行くことにした。

❸ 不調の時の対応

　子どもが不調や不穏な時に、暴れたり、物を壊したり、自傷行為をすることがあれば、子ども本人と周囲の安全のために、その行動をやめさせる必要がある。しかし、大人が止めようとすればするほど、子どもはパニックになり、叫ぶ、嚙みつく、物を投げるといった行動がエスカレートするかもしれない。とくに、大人が力づくで抑え込もうとすると、子どもは過去に暴行を受けた時の記憶がフラッシュバックし、必死に抵抗しようとして、ますます興奮してしまうことがある。

　いったん興奮のスイッチが入ってしまうと、大人の声かけも耳に入らず、安心させようと子どものからだに触れたことでかえって暴れるという状態になりやすい。過覚醒で興奮している時は、鼓動は速く、呼吸は浅く、全身が緊張している。落ち着くには、意識的に呼吸をゆっくり深くし、全身の力を抜くしかないが、子どもが不調な時にやらせようとしてもうまくいかない。不調の時の対応は、好調な時（落ち着いていて、機嫌がいい時）に練習しておく。「爆発」してからではなく、「なんか、イライラしてきた」という前兆がみられた段階でリラクセーションやグラウンディングができるようになるとよい。

> **Episode**
>
> 　ある経験豊富な里親は、子どもが落ち着く方法を本人と一緒に探すようにしている。ぬいぐるみやお守りを握ると安心する子どももいれば、落ち着く音楽や元気がでる歌を持ち歩く思春期の子どももいる。からだを動かすのが好きな男児には、里父がキャッチボールをしたり、1人でもできる筋トレの方法を教えている。また、どの子どもとも「爆発したら、どうしてほしい？」と事前に話し合っている。たいてい「放っておいてほしい」「あとで話を聴いてくれればいい」と言うので、最低限の約束事として、「あなた自身や他者を傷つけそうな時（自傷行為や暴力など）は、腕を押さえるよ」と伝えている。できるだけ、子どもの表情が険しくなったり、ドタドタと動きが荒っぽくなってきた時点で、「呼吸しよう」と声をかけている。

❹ 逸脱行動の理解と対応

　万引きやルール破り、嘘やわがままといった行動上の問題がみられる場合も、頭ごなしに叱るのではなく、「何が起きたのか？」を整理していく。だからといって、それらの行動を許容するわけではない。社会のルールを守れるようになることは、子どもの成長や自立にとって不可欠であり、それが子ども自身の安全につながる。

　いわゆる逸脱行動がみられた時は、子ども自身が何らかのニーズを満たそうとしていると考える。例えば、万引きがやめられない子どもの多くのニーズは、物欲ではないだろう。

中には、ネグレクトのため、飢えをしのぐ手段として万引きを重ねてきた子どももいるが、里親宅に来ても万引きが続くのであれば、空腹が原因ではないはずだ。万引きのスリルや緊張、品定めをしている時の高揚感やうまくいったという達成感によって、つらい現実や嫌な気持ちが束の間でも忘れられるのかもしれない。

　思春期の女子の性的な行動化に悩まされている里親も少なくない。心配を伝えても、本人はSNSで知り合った相手に会いに行ったり、すぐに性交渉に至ったりすることがある。「自分が求められている感じがするから」と自分の存在意義を確認するためだったり、「自分の方が相手を選んでいる」という感覚や「今度は大丈夫」という安全な体験を持ちたくてやめられないこともある。自傷行為のように性行為をしている場合もある。

　子どもと一緒に「本当はどうしたいのか」を話しながら、自他を傷つけない方法でニーズを満たしていく方法を考えていく。家庭での対応だけでは難しいので、児童相談所などの専門機関と連携しながら、子どもをケアしていく必要がある。

▶▶▶実践上のヒント

　違法行為や性的な逸脱行為に対しては、里親自身が子どもの行動を受け入れがたく感じたり、話題にしにくいと思ったりするかもしれない。家庭の実子への影響も気になるだろう。専門機関との連携では、子どものケアだけでなく、里親自身や家族へのサポートを求めることができる。

4. 専門機関との連携

❶ チームの一員として連携しよう

　一般家庭においても、子育ては親だけではできない。身近な人々の気遣いや手助け、学校を始めとする地域資源とのつながりが欠かせない。トラウマや逆境体験のある子どもの養育においては、里親自身もトラウマの影響にさらされる。子どもの暴言や暴力が向けられたり、子どもの実親や外部機関とのやりとりに消耗したりして、二次受傷と呼ばれる援助者の傷つきを経験することもあるだろう。里親家庭には、より一層の社会的支援（ソーシャルサポート）が提供されるべきであるし、里親自身も積極的に支援を求めていく必要がある。

　子どもの発達やトラウマの影響を理解し、子ども本人へのケアと里親の養育に関するコ

ンサルテーションを担う児童相談所や支援機関は、里親とともに子どもの育ちを支える
チームである。コンサルテーションとは、相談者が専門家の援助を受けるカウンセリング
とは異なり、異なる専門性を持つ者同士が話し合うことである。里親も、子どもの日常生
活をもっともよく知る立場として、積極的に話し合いに参加されたい。里親から見た子ど
もの様子や変化、雰囲気や感覚などは、他の援助職の人たちが子どもを理解するうえで、
非常に役立つ情報となる。

▶▶▶実践上のヒント

外部機関の職員との話し合いは、形式的な連絡や指導を受けるといった一方的なも
のではなく、対等でオープンな場でありたい。経験豊かなベテランの見立てや方針は
有益だが、若年の職員や初めての里親経験者だからこそ気づくこともある。また、ト
ラウマインフォームドケアに取り組む中で、子どもの過去のトラウマやその影響によ
る反応が少しずつ見えてくる。そうした新たな気づきをふまえて、チーム全体で子ど
もへの理解を深めていこう。子どもの行動の背景が見えてくることで、援助者も無力
感に陥ることなく、前向きな姿勢で日々の支援に取り組めるようになる。

❷ 子どもの強みと資源を活用する

さまざまな専門性や経験を有する人々がチームで話し合うことで、子どもを幅広い観点
から理解できる。こうした多面的な理解によって、子どもの強み（ストレングス）と資源
（リソース）を探しやすくなる。強みとは、できること（doing）にかぎらず、愛嬌があると
か好奇心が強いといったその子らしさ（being）にもある。資源は、利用できる社会的支援
（制度、窓口、情報、友達や援助者など）のほか、子どもにとって助けになっているネットや
ゲームも含まれるかもしれない。連携の中で、不足している資源につないだり、すでにあ
る資源のよりよい活用法を考えたりする。子ども本人をチームに招き入れ、一緒に話し合
うことが望ましい。

子どもの暴力や自傷といった行動化がみられたり、里親家庭になかなかなじめず、信頼
関係が築けなかったりすると、子どもの問題ばかりに目が向いてしまうものである。「発
達障害だから仕方がない」「何度言っても分からない」という無力感や苛立ちを感じるこ
ともあるだろう。養育が難しい状況であれば、そんな気持ちや考えになるのはもっともな
ので、里親自身の気持ちを他の専門職に聴いてもらうことが大切である。里親にかぎらず、
まず援助者がエンパワーされなければ、子どもへの支援はできない。

専門機関との連携においては、なによりもチームのまとまりが鍵となる。異なる立場や
職種の人たちが集まることで、「言っていることが、みんなバラバラ」「結局、誰を頼れば

いいのか」という不満や不安を感じることもあるだろう。援助とは、子どもの心情や状態を理解し、子どもの健康と発達、回復と自立をめざすものである。話し合いの場では、何度でもその方向性に立ち返り、チーム全体で進んでいこう。

▶▶▶実践上のヒント

子どもの特性や状態に合わせて、サポートの仕方を工夫する。子どもが里親以外の大人と関わったり、支援機関が運営する活動やイベントなどで同年齢の仲間と交流したりすることは、子ども自身の成長によい影響をもたらす。里親だけで「もっとサポートしなければ」と思うのではなく、「いろいろな人にサポートをしてもらおう」という姿勢で、他の援助者に頼ることが大切である。トラウマを受けた子どもは、他者への不信感や自分自身への自信のなさから、周囲に助けを求めるのが苦手である。結果、ひとりで悩みをためこんで、問題が深刻になりやすい。里親が他者の力を借りる姿を見せることは、子どもにとってよいモデルとなる。

❸ 里親自身と家族の安全と安心

外部機関との連携の目的は、子どもによりよい援助を行うためだけでなく、里親自身とその家族の安全と安心を高めるためでもある。トラウマの影響を受けている子どもと暮らすことは、特有の困難さがある。育児に伴う疲労や一般的なストレスだけでなく、子どもが過覚醒でイライラしたり、急に落ち込んだりするような感情の波に振り回され、アタッチメント不全による過度な甘えや拒否といった不安定な距離感に巻き込まれることは、里親や家族にとっても間接的にトラウマの影響を受けることとなり、二次受傷につながりやすい。

とくに、トラウマの再演によって、子どもが里親や家族に暴力や暴言を向けたり、周囲への挑発や試し行動によって、子どもが叱られるような（子どもにとってなじみのある）展開に持ち込もうとしたりすることがある。こうした子どもの行動に対して、里親が声を荒げてしまったり、「口で言っても分からないなら」と体罰を正当化したくなる気持ちになったりすることもある。それこそが再演の影響にほかならないが、そんな自分を「里親失格ではないか」と感じて自己嫌悪に陥り、養育の自信を失ってしまう里親は決して少なくないだろう。

里親の実子がいる場合、実子の年齢にもよるが、家庭内のトラブルや親の苦労を見聞きしたり、実子自身が多忙な親に甘えられなくなったりすることがある（➡第3章参照）。里親としての親の熱心さや里子の気持ちを思うと、実子としては不満や不平を口にしにくいものである。特殊な家庭の事情については、仲間にも話しにくいことから、実子が相談で

きる窓口も求められる。

　子どものみならず里親の家族にとっても、家庭が安全な場であり、みんなが安心して暮らせることがもっとも大切である。性的虐待による性的な行動化や他児への性問題行動（性加害）は、トラウマの影響としてしばしばみられるものであるため、家庭内での再演や再発を防ぐために、事前に児童相談所とリスクと安全策を十分検討しておく必要がある。

　子どもの気持ちを受けとめ、共感しつつも、境界線のルール違反は毅然として指摘する。家族全員がルールを守り、無責任な行動をとらないようにする。トラウマや逆境を経験した子どもだからこそ、「ルールを守ると安心できる」という体験を重ねることが大切であり、それにより、向社会的な行動が増え、トラウマからの回復も促される。

　里親の精神的負担を軽減するには、専門機関への相談やレスパイトの利用、あるいは里親自身が研修で専門的スキルを学ぶといった積極的な対処も役に立つ。

Episode

　性的虐待を受けた女児を養育している里親は、思春期を迎えた子どもの性的な行動化への対処に悩まされていた。いくら危険性を伝えても、ネットで知り合った相手に会いにいこうとする。外出を禁じたら、ますますネットに依存するようになってしまった。

　専門家に相談し、それがトラウマによる影響であることを知った里親は、家庭で過ごす時間を心地よいものにしてあげたいと考えた。叱るばかりでなく子どもとの対話を心がけるうちに、子どもから学校でのトラブルや自分のからだへの嫌悪感が話されるようになった。本人と話し合い、外部機関でトラウマのカウンセリングを受けることにした。

おわりに

　トラウマや逆境体験のある子どもにとって、社会的養護において安全な暮らしを送り、愛情や関心を向けられることは、子ども自身の「自分はダメな子」という否定的な思い込みを「自分は愛されるに値する人だ」と前向きなものに変えていくために欠かせないものである。しかし、そうした養育は容易ではなく、支援者のまなざしが子どもには敵意と受け取られたり、愛情をいくら注いでも枯渇した子どものこころを満たすことができなかったりすると、支援者自身の心身も疲弊し、「何も感じない」「相手には期待しない」といった防衛的な反応が生じやすくなる。この支援者の無力感こそ、トラウマを生き延びてきた子どもの状態や心情とまったく同じものであり、トラウマをかかえる子どもに関わることは、こうしたトラウマの影響から無縁ではいられない。

　否が応にも、里親は「親」を思い出させるリマインダーになり、里親家庭も「家族」を思い出させる環境である。里親による養育は、子どもの育ちや回復を支えるうえで非常に

重要な役割を果たすとともに、実は、とても難しい立場や環境であることに気づいておく必要がある。TICが教えてくれるのは、どんな時も「子どもに何が起きているのか」という子どもの視点に立って考えることであり、同時に、支援者もまた「トラウマの影響を日々受けている」ことを忘れないようにするということだ。

　支援者自身が健康で安定していること、孤立せずに他者とつながっていること——それがトラウマの影響からの最大の防御であり、トラウマからの回復を支える基盤となる。TICの方向性をチームで共有し、子どもを「みんなで育てる」とともに、支援者も「みんなで育っていく」ことをめざしたい。

（野坂祐子）

▶参考・引用文献

American Psychiatric Association（2013）*Diagnostic and statistical manual of mental disorders. Fifth edition*. American Psychiatric Publishing.（日本精神神経学会日本語版用語監修、高橋三郎、大野裕監訳（2014）『DSM-5 精神疾患の診断・統計マニュアル』医学書院）

Courtois, C.A.（2004）Complex trauma, complex reactions: Assessment and treatment. *Psychotherapy: Theory, Research, Practice, Training*, 41(4), 412-425.

Felitti, V.J., Anda, R.F., Nordenberg, D.et al.（1998）Relationship of childhood abuse and household dysfunction to many of the leading causes of death in adults. The Adverse Childhood Experiences (ACE) Study. *Am J Prev Med*,14 (4), 245-258.

亀岡智美（2020）『子ども虐待とトラウマケア——再トラウマ化を防ぐトラウマインフォームドケア』金剛出版

Metzler, M. Merrick, M. T., Klevens, J., Ports, K. A., & Ford, D. C.（2017）Adverse childhood experiences and life opportunities: Shifting the narrative. *Children and Youth Services Review*, 72, 141-149.

野坂祐子（2019）『トラウマインフォームドケア——"問題行動"を捉えなおす援助の視点』日本評論社

野坂祐子、浅野恭子（2016）『マイステップ——性被害を受けた子どもと支援者のための心理教育』誠信書房

Substance Abuse and Mental Health Services Administration（2014）*SAMHSA's concept of trauma and guidance for a trauma-informed approach*. HHS Publication No. (SMA) 14-4884. Substance Abuse and Mental Health Services Administration.（大阪教育大学学校危機メンタルサポートセンター、兵庫県こころのケアセンター訳（2018）「SAMHSAのトラウマ概念とトラウマインフォームドアプローチのための手引き」）（http://www.j-hits.org/child/pdf/5samhsa.pdf）

携帯電話などのSNSとの付き合い方

インターネットにおける「パブリック」（公共空間）と「プライベート」（私的空間）の境界を知り、子どもたちに適切な「情報モラル」が身につくためには、私たちは何をすればいいのだろうか？

「受け身」な利用と「積極的（自主的）」な利用

ICT（情報通信技術）の発展で、できることは広がった。新型コロナウイルス感染症の流行で「オンライン学習」の需要が急速に高まり、子どもたちにとってインターネットは学びの場としても認知されるようになった。しかしながら、現実にSNS等での誹謗中傷等ネットいじめなどの問題、不眠等の健康被害に関することなどの報告等を見聞きすると、「規制的」な思考が強くなり、「どうやって使用時間をルールづけるか」などの表面的な議論になりがちである。実際、小・中・高等学校等の学習指導要領においても、情報モラルに関する学習は「情報社会で適正な活動を行うための基となる考え方と態度」と定義づけられ、「利用する個人の危機回避や安全な使い方」等に重点が置かれてきた。こういった流れは、ある意味日本の情報モラル学習を消極的で受け身なものにしてきた。

一方、欧米では「デジタルシティズンシップ」という情報教育の基準が示されており、これは「情報技術の利用における適切で責任ある行動規範」（テクノロジーに関する倫理的・文化的・社会的問題を理解し、責任を持って、かつポジティブにそれを利用する）というものである。つまり、「考え方や態度」よりも、テクノロジーを利用する「スキルと責任」に重きが置かれている。定まった行動規範やルールを教えて徹底するものではなく、行動の善悪を自分で判断できる力を身につけることを目的としている。そして、その目的達成のために教育等に関わる人が取り組むべき枠組みを規定している。ここに日本の情報モラル学習とは大きな差がある。

アクセス	誰もがデジタル活用できるわけではないという意識
コマース	オンライン上での売買に対する適切な知識
コミュニケーションコレボレーション	オンライン上での情報交換における利点と欠点
エチケット	オンライン上の情報に対する責任ある行為・行動
フルーエンシー	情報に対する適切な判断と活用
健康と福祉	健康的なデジタル機器の使用
法	オンライン上での違反行為・行動への意識
権利と責任	デジタルに関わる権利の適切な享受
セキュリティー	秘密にすべき情報に対する適切な保管

出所：「デジタルシティズンシップ」安全で倫理的な利用やプライバシーの保護に関する9つの項目

「ジレンマ」と「判断」と「創造」

　例えばプールに行くと、子ども用の浅いプールや区域がある。インターネットは機器等の機能である程度の「区分け」ができたとしても、〈子どもたちに適した区域〉は存在しない。そこにある種の葛藤（ジレンマ）が生じる。情報の種類や質のみならず、子どもたちの発達や睡眠への影響なども多くの研究がされている。子どもたちが適切なスキルを身につけ、積極的な利用を行うにしても、まずは大人側の学習が求められているのではないか。

　さらに子どもたちは「加害者にもなりうる」という危うさもある。「いいね！」を増やすために写真が過激になったり、仮想と現実の境界が見えにくくなったり……。モラルや判断の力をどうやって育てていくのか。携帯は身近にあるが、情報は想像よりも無限に拡がる。「どう利用するか」ではなく、「いかに学んでいくのか」を重視した取り組みが重要になってくる。もちろんこういった取り組みは家庭内のみでできることではないが、家族内でともに学んでいくことは大切であろう。

　最後になるが、私の所属する法人が運営する自立援助ホームでのひとコマをお伝えする。何らかの付き合い方のヒントになれば幸いである。

当ホームでは23時の消灯前に入居者の携帯電話を預かる仕組みが定着している。彼らにとって、ともすれば「命の次に大切なモノ」。決して強制しているわけではない。もちろん、最初の提案は大人側からであった。だって寝ないし。見事に全員反対。しかし、その後、生活を行う中で、なんとなくそうなっていった。詳細は割愛するが、働くことでどうやら「睡眠」も非常に重要なことに気づいたようだ。自分たちが「ホームのきまりで預けんといけんのや」というと、友人は「仕方ねえなあ」となるらしい。眠い時の言い訳に使えるらしい。預けるからには鍵のかかる個人用のロッカー用意できませんか？　との要求もあった。現在はそのロッカーで個々が管理している。ホームの暮らしの中で携帯も、SNSも「使うのはこっち側」ということに気づくらしい。さらに、ホームの暮らしについては半年に1回程度「くらしみなおしの会」が開かれるが、携帯の話題はそれほど出てこない。それよりも「外食もっと行こうぜ！」的なことのほうが多い。

　一方的に押し付ける価値観ではなく、ともに語らう中でこそ、大切なことがたくさんあることに子どもたち自身が気づいていくものだなぁということを教えられた。そして、願わくは自分にとって大切なモノやコトが複数できる中で、自らバランスを取りながら、それぞれのいい状態を創り出してもらいたいと願う。

〈まとめワード〉
・「規制」よりも「自主性」「スキル」「責任」
・大人側にこそ「テクノロジーに関する学び」が必要！
・子どもたちの「モラルや判断」の育ちには「学び」しかない
・大切なモノやコトをたくさん創り出していけること

（矢野茂生）

第 10 章

知的障害・発達障害の
ある子どもの
理解と対応

(Key Word)

自閉スペクトラム症（ASD）／注意欠如・多動症（ADHD）／視覚的構造化／
自律スキル／ソーシャル・スキル

1. 心因だけでは説明できない行動を示す子どもたち

　子どもたちが示す行動の背景には、必ず何らかの心の動きがある。多くの人は、子どものとる行動の背景を考える時に、自分の経験や社会常識に当てはめて解釈する。しかし、平均的な子どもとは異なる考え方や感じ方をする子どもも一部に存在する。そのような時、周囲の人たちが自分の経験や社会常識だけで判断すると、誤解にもとづく摩擦が生じやすくなる。

　社会的養護を必要とする子どもたちは、一般の子どもたちとは異なる体験を経てきているため、情緒、行動、対人関係、学業面などさまざまな側面で平均的な子どもたちとは異なる状態を示すことが多い。これらは、それまでの生育環境で受けてきた虐待やネグレクトなどの結果であるという解釈だけで説明されがちである。しかし、そのような心理的な要因だけでは説明のつかないような、生来性の素質としての認知、言語、対人行動、興味、集中力、読字・書字、計算能力、運動能力などの異常のある子どもが、一定の割合で含まれることにも留意しておく必要がある。そのような異常がみられる障害は、近年の精神医学では「神経発達症」と呼ばれる。わが国の法制度では、神経発達症のグループの中で知能全般に遅れがみられるものだけを「知的障害」として区別し、それ以外を「発達障害」と呼んでいる。

2. 知的障害

　知的能力の発達が平均より遅いため、成人期に達するよりも前（18歳以前）から社会適応の問題がみられるのが知的障害である。精神医学では、近年は「知的発達症」という診断名が用いられる。理論的には、人口の約2.5％が知的障害に該当すると考えられ、社会生活上の困難さの程度によって軽度、中等度、重度、最重度に分類される。

　知的障害のある子どもは、乳幼児期から運動能力、言葉、身辺自立などの発達に遅れがみられる。遅れが重いほど、他児との違いが早く発見されやすい。近年では、中等度（概ねIQ50未満）の知的障害は1歳半健診か、遅くとも3歳児健診で把握されるようになっている。しかし、軽度知的障害（IQが概ね50〜70程度）では、家庭生活や保育園等の集団生

活でそれほど遅れが目立たないこともあるため、就学後に学業不振などを契機に気づかれることもめずらしくない。

　社会的養護を要する子どもたちの多くは、児童相談所などで知的発達を含む心理評価が行われるため、知的障害のある場合には里親委託の前にすでに把握されていることが多い。しかし、軽度知的障害のある子どもの一部は、委託の時点では障害の存在に気づかれていないこともある。

　知的水準だけでみると軽度の遅れであっても、生育環境によっては本人が深刻な悩みを持つために問題が深刻化することがある。遅れが軽度だと、大人はしばしば「やればできるのに怠けている」「もう少しがんばれば皆に追いつく」と解釈しがちであり、生来の知的発達の遅れが存在することに気づきにくい。このように周囲の理解が得られにくい環境では、子どもたちは慢性的に過剰な負荷をかけられ続けることになる。家庭においても学校においても、他の子どもたちより遅れをとりながら参加し続ける場面が圧倒的に多くなるため、自己評価が低い形で固定しがちである。

　知的な遅れだけでは障害とはみなされない境界知能（IQが概ね70〜85程度）の生徒も、小学校高学年以降は通常の学習指導要領のカリキュラムではついていけなくなり、学業成績は学年の中でも下位となり、自信を失っていることが多い。このような状況が慢性的に続くことが、情緒や行動の問題が深刻化する要因になり得る。

3. 発達障害

❶ 自閉スペクトラム症（ASD）

　自閉スペクトラム症（ASD）は、対人交流およびコミュニケーションの質的異常と、限局しパターン的な興味と行動のために、社会生活上の支障をきたす発達障害である。以前は「広汎性発達障害」と呼ばれた時期があり、言葉の発達の遅れを伴う「自閉症」、知的な遅れが目立たず流 暢 な発語が可能な「アスペルガー症候群」などの下位分類が設定されていたが、現在は単一の「自閉スペクトラム症」にまとめられている。

　かつて自閉症は、相互的な対人関係が完全に欠如し、同一性保持に対する執着がきわめて強いという特徴で狭く捉えられ、多くは知的障害を伴うと考えられていた。しかし、近年では自閉症の概念が拡大し、知的障害を伴わないケースのほうが圧倒的に多いことが分かってきた。対人交流・コミュニケーションでは、たとえ流暢な発語が可能な場合でも会

話の内容がかみ合いにくく、双方向性になりにくい。興味の偏りが著しく、いったん興味を持つとそのことに没頭する反面、興味のないことはやろうとせず、強要されると苦痛を覚える。独自の決めごとに執着し、想定外の事柄にたいして強くショックを受けるなどの感情反応を生じやすいのも特徴である。曖昧で先の見通しの立たない状況に置かれると不安が高まるため、聴覚的情報よりも情報の明瞭な視覚的情報への親和性が高い場合が多い。さらに、感覚系の異常（過敏あるいは鈍感）がみられることがしばしばある。

　これらの特徴は乳幼児期よりみられ、思春期頃までにある程度改善することが多いものの、一生を通じて何らかの形で持続する。思春期以降は、知的障害のない場合でも学校生活、職業生活、家庭生活の中での対人関係で本人あるいは周囲が悩むことが多い。相手の言葉の裏にある意図をつかむこと（マインドリーディング）が苦手であるため、的外れな応答をしてしまい、周囲の人たちから「協調性がない」「常識がない」「融通が利かない」などの評価を受けることがある。

Episode

　5歳男児。知らない人にも一方的に話しかけるが、話題は自分の関心のあることばかりで、相手の反応に無頓着である。特定のアニメにハマり、1日中その話ばかりしている。日課の段取りがいつもと違う、物の配置がいつもと違うなど、生活環境のちょっとした変化で著しく不機嫌になる。

---

❷ 注意欠如・多動症 （ADHD）

　多動、衝動性の高さ、不注意を特徴とし、これらの特徴が小学校入学頃までに生活の複数の場面で明らかとなる。多動、衝動性の高さが目立つタイプでは、幼児期から集団場面での逸脱が目立つ。一方、不注意（うっかりミスや忘れ物が多いなど）の優勢なタイプは、周囲から過剰に叱責されることが多く、自信を失うことがしばしばある。ADHDと診断される子どもたちでは、ASDとの併存診断がなされることがめずらしくない。

　ADHDの特徴は、成人期になっても持続することが多い。多動は表面的には落ち着くため、従来は成人のADHDは気づかれにくかったが、思考や感情における衝動性の高さや不注意症状は持続することが多い。人の話を最後まで聞かない、何事も途中でやめてしまう、1つのことに集中せず気が散りやすい、うっかりミスや忘れ物が多い、などの特徴があっても、「不真面目」「やる気がない」「ふざけている」などと否定的な評価を受けやすくなる。

> **▶▶▶実践上のヒント**
>
> 　ちょっとしたことですぐに暴力をふるう子どものことを「衝動性が高いからADHDではないか」と考える支援者がいるが、これは不適当である。カッとなりやすいのは感情制御の問題である。ADHDにみられる衝動性とは、「相手が質問し終える前に答え始める」「順番が待てない」など、やりたいと思ったらすぐにやらずにいられない特性をさす。

❸ 限局性学習症

　読むこと、書くこと、算数のいずれか、あるいはこれらの複数にわたって学力の獲得がうまくいかず、それらが他の知的能力の水準に比して有意に低い状態をさす。わが国では従来「学習障害（LD)」と呼ばれることが多い。学力の低さは、経験不足や意欲の低さでは説明できず、なんらかの神経心理学的異常が想定される場合にこの診断がなされる。

❹ コミュニケーション症

　会話や言葉を話す能力に何らかの遅れや異常がみられ、それが他の知的能力の水準に比して有意に目立つ状態をさす。発話音声の産出に持続的な困難さがあるために会話に支障をきたす状態を「コミュニケーション症」という。代表的なものに「言語障害」がある。これは、言語以外の認知能力に比して言語（話し言葉、書き言葉、サイン言語など）の獲得と使用が困難な状態である。表出能力と理解能力とが平行して障害されている場合もあれば、理解能力には異常がみられず表出能力のみ異常がみられるという形で両者の間で乖離がみられる場合もある。

　年齢や言語能力からみて不適切な程度の持続的な発話の正常な流暢さ、あるいはタイミングのパターンの異常がみられる障害を「小児期発症流暢症（吃音）」という。音声およびシラブルの繰り返し（連発）、母音および子音を伸ばした音声（伸発）、単語の中断、発話の中断、代用（発音しにくい単語を避け、他の単語を用いること）、過剰に力んだ発音、単語全体を1音のように繰り返すことが含められている。

❺ 発達性協調運動症

　運動機能が他の発達領域に比べて特異的に障害されており、それが脳性麻痺など明らかな神経学的異常や全般的な発達の遅れによる二次的なものとはいえないものをさす。歩く、走る、姿勢を変えるなどの粗大運動と、スプーンですくって食べる、ボタンをはめる、鉛筆で字を書くなどの微細運動が、全体的にうまく発達しない場合もあれば、一部のみ障害され、他は問題ない場合もある。いずれにせよ、こうした協調運動がうまく行えないため

に日常生活や学業に著しく支障をきたす。

❻ チック症

　突発的に体の一部を素早く動かしたり、声を出したりすることをチックという。前者を運動チック、後者を音声チックという。1年以上持続しないものを暫定的チック症、1年以上続くものを持続性（慢性）運動または音声チック症という。チックのうち、重症で多発性の運動チックと音声チックを伴うものをトゥレット症という。

❼ 元来の発達障害の特徴以外の症状の併存

　発達障害は生来性であるが、その症状は成長していく過程で環境とのさまざまな相互作用の影響を受けて変化する。発達障害の存在に保護者が気づかず、あるいは認めようとせずに、本人の特性と相性の悪い育て方を続けると、社会集団に安定して所属することが困難で孤立がちとなる場合が多くなる。対人関係を回避する傾向にある場合が多いが、時に高い攻撃性を秘めることがあり、稀^{まれ}ながら反社会的行動が出現することもある。こうした社会不適応の根底には、他者と安定した信頼関係を結ぶ経験を積めなかったことを要因とする低いセルフ・エスティーム（自己評価）の存在がうかがわれる。

❽ 虐待を受けた子どもにおける発達の異常

　かつては、虐待を受けた子どもたちに学業不振、対人関係、行動の異常が見られた場合、それらの原因を一義的に虐待に求める支援者が多かった。一方ASDでは、その原因が不適切な養育であるとする考え方が主流を占めた時代を経て、現在では不適切な養育が原因でASDを発症するという仮説は否定され、生来性の脳機能の異常に由来すると考えられている。このため、子どもの行動や情緒に異常が見られた場合、その原因については「虐待か発達障害か」という二分法のような捉え方がなされがちである。しかし実際には、生来性に発達障害の特性を持って生まれた子どもたちの一部には、虐待を受ける子どもが存在する。むしろ、発達障害の特性があると育てにくいために虐待被害に遭うリスクは高まると言える。また、虐待を受けた子どもたちも、その影響の出方は多様で、個人差が大きい。虐待を受けたからといってその子にもともと発達障害もあった可能性を否定するわけにはいかないし、もともと発達障害の特性がある子どもでも成長の仕方には養育が影響すると考えておくべきである。

▶▶▶実践上のヒント

　虐待を受けたことによる情緒面の不安定さだけでは説明のつかないような対人関係

の異常やこだわり行動が見られる場合には、ASDの特性があることを念頭において接し方を工夫するとうまくいくことがある。

---

4. 発達障害のある子どもへの接し方

---

❶ まずは精神保健的アプローチを

　思春期より前は、生徒が不本意な失敗をしないように保護者や教師がお膳立てすることが重要である。「失敗から学ぶものは多い」との考え方は、発達障害では小学生の時期以前は極力避けなければならない。発達障害の子どもたちは、通常の人であれば些細なこととして忘れてしまうような出来事でも詳細に記憶してしまい、それが積み重なると将来フラッシュバックを起こしやすくなる。

　日常の支援において、発達障害の症状の軽減を当面の目標とすることが多少はあってもよいが、その延長上に将来の症状消失を想定することは厳に慎まなければならない。特に、症状が軽度の子どもでは、ちょっと頑張らせれば症状が軽くなるように見えるため、保護者や支援者が安易に症状消失を目標とする可能性があり、それが後の心理的変調出現の危険因子となり得る。小学生の時期にまず強調しておく必要があるのは、精神保健的アプローチの重要性である。いわゆる定型発達の目安にとらわれることなく、個々の子どもが安心して生活できる環境をまず保障してから、その安心を保ちつつ無理なくできる範囲で教育的アプローチを導入するのが基本である。

❷ 安心できる環境の保障

　どのような環境が子どもにとって安心できるかということ自体にも、発達障害の特性が色濃く反映される。例えばASDの場合、人（乳幼児期は中でも親）を他の物（生物・非生物を問わず）と別格に位置づけて特別な感情を抱くという定型発達の人たちにとっては当然のことが、ASDの人にとっては必ずしも当然ではない。またASDの人たちは、聴覚的な情報よりも視覚的な情報に強く注意が偏向することが多い。さらに、人（特に親）との特別な情緒的な結びつきを基盤として互いに共通の感性を感じ合うことで「絆」を深めるといった流儀は、興味が持てないだけでなく、それを押しつけられることによって苦痛を感じることすらある。聴覚情報に興味が持てない子どもによかれと思って熱心に声かけし過ぎると、子どもはむしろ人を避けるようになる。あるいは、「言わなくてもピンとくる」こ

とによって互いの絆を感じ合うようなことを求められる社会集団では、マインドリーディングの苦手な子どもたちは完全に取り残されてしまう。本人にとって分かりやすいシンプルな言葉だけが聞こえてくるような環境の中で、暗黙の了解を求められず、必要な視覚的情報が十分に提供されることによって、理解、見通し、そして安心が得られるのが、ASDの人たち特有の心性である。

　虐待を受けた子どもたちに関する解釈や対応では、アタッチメント理論による理解と対応が試みられることが多い。しかしASDの認知発達は、通常のアタッチメント理論では対応できない。通常のアタッチメント理論では、対人関係形成の基礎に母子のアタッチメント形成が置かれる。しかしASDの乳幼児期の発達においては、母子のアタッチメント形成よりも環境構造のパターン的理解が優先される。ASDの子どもにとっては、予想しやすくパターンが一定に保たれた環境であることが何よりも安心できる。情感豊かな声かけやスキンシップを密に用いた不規則な関わりは、かえって混乱することがある。冷静で穏やかな態度で、視覚的情報を多用しながら適度な距離をとった接し方が、ASDの子どもでは最も安心できるのである。そのような安心できる対人関係が確立できた大人に対して、ASDなりのアタッチメントが後から形成される。

❸「視覚的構造化」による自律スキルとソーシャル・スキルの学習

　十分に安心できる環境に置かれると、発達障害の子どもたちの学習意欲が飛躍的に向上する。学習を促す有効な手法の1つが、「構造化」である。構造化とは、その日のスケジュール、その時間にやるべきことの手順、席の配置などの情報を、本人がよく理解して見通しが持てるよう、分かりやすく伝えることである。口頭による情報伝達は最小限とし、絵や文字などの視覚情報を多用して伝えていく。このような「視覚的構造化」は、ASDやADHDの子どもに対してきわめて有用である。文字などの視覚情報処理が苦手なLDの子どもに対しては、書面に書かれている情報を音読するなどして伝える必要がある。

　構造化は、対人関係の基盤もなす。ここで鍵となるのが、自律スキルとソーシャル・スキルである。自律スキルとは、自分にできること、できないこと、好きなこと、嫌なことを自分で判断できることである。一方、子どもたちに身につけてもらいたいソーシャル・スキルとは、できないことや嫌なことを他者に相談して手伝ってもらう力である。これらを確実に教えていくためには、合意しながら物事を行っていく習慣を身につけることが肝要である。「合意」とは、誰かの提案に他者が同意することである。提案するためには自律的判断が必要であり、他者の提案に対して同意することは、その提案が自分にとって納得できるものであるかどうかの判断と、他者と自分の意見の照合が要求される。「今、このタイミングでこの内容を提示したら、子どもがやる気になるだろう」と予測できるもの

を中心に据えて構造化の手法を用いながら情報提示する。もし子どもが強く拒否したら、それ以上は無理強いしない。子どもの側から見ると、「この人の提示する情報は、やる気になれることが多い」ということは案外よく覚えている。そこに、独特の信頼関係が徐々に形成される。早期から自分にとって有意義な活動を提案してくれる支援者がたくさんいる状況で育つと、人に対する信頼関係が形成されやすくなる。

　自律スキルについては、年齢が上がるとともに、自分で物事を構造化することを少しずつ練習していく。個々の理解力やコミュニケーションの力に応じて、自分のやることの計画を立て、予定表を作るなどの視覚化を練習していく。ソーシャル・スキルでは、いわゆる「ホウレンソウ（報告・連絡・相談）」を少しずつ教えていく。「1人でできる」ことだけが目標ではなく、「人に報告ができる」、何かあった時に「人に相談ができる」ということが大事である。「何かを人と一緒にやって、よい結果に終わった」という体験を思春期までに十分に積み重ねていると、そのような習慣が身につきやすい。

❹ 思春期以降は「支援つき試行錯誤」で

　思春期は、二次障害の発生に留意しつつ、本人の発案による内発的動機づけを大人が尊重し、試行錯誤することをさりげなく後ろから支えるような立場に移行していく。これを筆者は「支援つき試行錯誤」と呼んでいる。思春期よりも前の時期の構造化は、大人がリーダーシップを取って提案して、子どもがそれを見て自分で判断して選んでやっていく。それに対して思春期以降は、子ども本人が自分でいろいろやってみたいという気持ちが強くなる。そこで、本人の試行錯誤を尊重し、家族はそれを黒子のような形で支えていく。

　保護者からみると、自分がリーダーシップを取っていた状態から「黒子」のような形に回るというのはかなりな立場の変換になる。したがって、保護者がスムーズに立場取りの変化を行うことができるかどうかが課題となる。

　試行錯誤をするのは本人だが、1人で試行錯誤だけをやっていると、あっちこっちで失敗して挫折し、落ち込んでしまう。試行錯誤は保障するが、大失敗をして本人が挫折感で苦しまわないで済むようなお膳立てを、さりげなく準備しておく。

　試行錯誤はあくまで失敗が前提となるので、定期的に方針の見直しが必要である。方針の候補は必ず2つ以上考えておく。本人はどうしても1つのことにとらわれやすく、複数の選択肢を常に考えながら、そのうちの1つを選んでいるのだという意識は持ちづらい。したがって、周りの人たちが、「今はこのやり方でやっているけれども、別のやり方もある」ということを、常に念頭において準備をしておく必要がある。

　また、いったんはやり始めたけれど、本人が何らかの形で、別のやり方に変えたいと思う瞬間が来ることがある。その時のために、本人から出されるSOSのサインに周りは敏

感になっておく必要がある。定期的に話し合いの場をもち、方針を見直すかどうか確認する。もしそこで少し方針の変更が必要そうだとなった時には、的確に方針転換をしていく必要がある。その際、もし失敗があったとして、それをやりたいと言ったのが本人だったとしても、絶対に本人を責めてはいけない。

Episode

「お母さんはこれがいいと思うけど、あなたはどう？」と子どもに聞き、本人が「分かった。それでいい」ということで、しばらくやってみた。その後、本人から「やっぱりきついからやめたい」と言われた時に、母親は「自分でやるって言ったんだから、頑張りなさい」と言ってしまった。

このエピソードでは、母親が強く勧めて始めたのであり、本人が自分からやりたいと心から思ったかどうかが、はっきりしない。にもかかわらず、「自分でやるって言ったんだから、頑張りなさい」と言われると、「自分で頑張るなんて誰も言っていない」という反応が出てくる。

▶▶▶実践上のヒント

失敗した時に、「あの時、親の助言など聞かずに自分の考えた通りにやっておけばよかった」という後悔と、「あの時、自分の考えにこだわらずに助言を聞いておけばよかった」という後悔とでは、どちらのほうがつらいだろうか？ ほとんどの子どもは、自分の考えの通りにやらなかったことの後悔のほうがつらいものだ。「あの時、よけいなことを言われたから失敗した」などと、助言した相手に逆恨みすることすらある。よほど危険なことなどでないかぎりは、本人の意志を尊重し、試行錯誤を支えるのがよい。

❺ 適材適所を保証するための「究極の選択」

どんな人でも、「○○であるが、△△である」と表現できるような特性がある。「明るいが、真剣みに欠ける」「仕事は正確だが、遅い」などである。発達障害の人たちは、この特性の程度が強すぎる、あるいはパターンがめずらしいなどの意味で少数派である。誰であれ、苦手な特徴が目立たずにすみ、得意なところが生かされるような役割を担当すると、力を発揮できる。いわゆる「適材適所」である。しかし、発達障害の人たちの場合、周囲の人たちが「適材適所」よりもその人の苦手なことを克服させたいという意識を強く持ってしまうことが多い。実際にはその逆であり、2つの対立的な概念のどちらか一方しか選べないとしたらどちらをとるか、という「究極の選択」の発想を持つ習慣があると、理解

しやすくなる。例えば、ルールはきちんと守るが全く融通が利かない人に対しては、つい「たまにはルールを破ることがあってもいい」と思ってしまいがちである。一方、いつも融通が利くものの、ルールは破ってばかりという人に対しては、「ちゃんとルールを守ってもらわないと困る」と思ってしまう。そうではなくて、ルールを守るのが得意な人ならばどのような生活スタイルが適しているか、融通を利かせるのが得意な人ならどうか、と考えればよいのである。

5. ASDの特性への対応

ASDの特性のある子どもへの対応の原則は、本人の認知様式に合わせた環境調整に尽きる。理解しやすいモダリティ、理解しやすい用語と言い回し、理解しやすい筋道で情報を伝えることが、最も重要である。そして、子どもが自分で熟考して判断することを保障する。興味がないことにどうしても意欲が持てない場合、なるべく意欲を持てるようなテーマや題材を提供する。特定の感覚刺激に対する過敏さや鈍感さがある場合、その感覚入力が本人にとって苦痛とならないよう環境の調整をする。

❶ 先に本人の言い分を聞く

ASDの人たちの行動には、必ず独自のパターンや法則がある。それを理解する必要がある。常識とは違うパターンや法則であっても、一貫していて、本人が大事に思っていることであれば、傾聴すべきである。ASDの人たちが信用するのは、意見を聞いて理解しようとする人。信用しないのは、決めつけて人の話を聞かない人である。

❷ 命令でなく提案する

意見が異なる場合には、本人が十分に自分の意見を述べた後に、こちらの意見を述べて構わない。ただし、こちらの意見を押しつけたり、説得にかかったりしてはならない。本人の意見とこちらの意見とを並べて対比させるところまでである。つまり、命令でなく提案である。そこから先、合意形成できるかどうかは、本人次第となる。

❸ 言行一致を心がける

ASDの人たちは、論理的に筋が通っている人を信用する。言っていることとやってい

ることとが矛盾する人は、信用されない。そのため、なるべく例外を作らないようにする。「今回だけ…」などと温情をかけることや、相手の好意に甘えようとする態度は、ASDの人たちの信用を低下させる。

❹ 感情的にならない

安心できるなごやかな感情はよいのだが、それ以外の感情を示されると、ASDの人たちは混乱しやすくなる。大事なメッセージを伝えたい時は、絶対に感情的にならないよう気をつけたい。

❺ 具体的なデータを視覚呈示する

百聞は一見にしかず。ASDの人たちは、口頭で説明されただけでは心底は納得しない。また、メッセージを伝える時には、なるべく曖昧にならないようにしたい。「あとでね」ではなく、「10分後にまた来てください」のように、具体的なデータがあるほうが安心する。

❻ 目に見えにくいものを言語で構造化する

一般の人なら直感的に分かるようなことでも、言葉（できれば文字などの視覚的言語）で明示する必要がある。ASDの人たちは、自分の感情を分析するのが苦手である。悲しい時に、「何か悲しいことがあったの？」と聞かれて初めて、「ああ、自分は今悲しいんだな」と気がつくことさえある。また、何かの活動に際して、あらかじめその場のルールを伝えておくと、その心構えをもって臨むことができる。

❼ こだわりはうまく利用する

ASDの特性の1つである何かに固執する傾向（こだわり）は、その有無が問題なのではなく、何にこだわっているかが問題である。日常活動や趣味の中にこだわりの対象が埋め込まれていれば、生活に支障がないどころか、場合によっては生活にプラスに作用することすらある。気になるこだわりがあっても、危険でなければ、放っておけばそのうち飽きることがある。ただし、危険なこだわりは、100％回避する必要がある。

6. ADHDの特性への対応

　ADHDの特性が目立つ子どもは、能力の領域間差が大きい。周囲の人たちは、その人の得意なことに期待値の照準を合わせる傾向にあり、苦手なことは「頑張ればなんとかなる」と過小評価しがちである。しかし、苦手なことを得意な領域並みの水準まで高めることは、至難の業であるため、いつまでたっても期待に応えられず、やがて「だらしない人」という目で見られてしまうのである。これでは、得意な領域を生かし切ることができない。前述の「究極の選択」を徹底することが必要となる。

❶ 低値安定、たまに高パフォーマンス

　ADHDの人たちの得意な領域を最大限に生かすためのキーワードは、「低値安定、たまに高パフォーマンス」である。能力の凸凹に対しては、苦手なことを基準にして期待値を設定する。そうすると、予測よりは良い結果が得られることが増えるため、本人も達成感が得られるし、周囲の人もイライラせずにすむ。時々、何かの拍子に、予想をはるかに超えた高いパフォーマンスが得られることがある。ただし、それも偶発的であると予想しておくべきであり、その高いパフォーマンスが常に得られることは期待できないということを肝に銘じておく。

❷ 日頃の地道な努力より土壇場での一発勝負

　「継続は力なり」という言葉に象徴されるように、わが国には、毎日少しずつ持続して成果を積み上げることを美徳とする文化がある。コツコツと成果を積み上げ、かつ大きな結果を生み出すことができるのがベストであるが、その両方を達成することは案外難しい。一方、継続が苦手なADHDの人たちに、日々の積み重ねを要求することは、まず無理である。しかし、一部のADHDの人は、ごく限られた瞬間であれば集中力を発揮することができる。そして、日々の積み重ねの有無に関係なく、いざとなると驚くほどの成果を瞬時にあげてしまう人すらいる。いわゆる「火事場の馬鹿力」である。

　このような本番に強い人の多くは、日頃からコツコツと積み重ねることを要求されると、かえっていざという時の集中力が発揮できないものである。コツコツと努力はしないけれど本番に強いことをとるか、コツコツと努力するけれども本番では力を発揮できないことをとるか。どちらかの二者択一になるとすると、ADHDの人にとっては、前者の道しかないのである。

ところが、日々の努力をしていないように見える人が、いざという時だけ力を発揮することを、多くの人は好意的に受け取らない。「ちゃっかりしている」「要領がいい」などと、逆になかば妬みにも似た感情を伴う否定的な評価を受けることが多い。このため、「もっと日頃から頑張れ」という圧力をかけられ、徐々に居づらくなるのである。

ADHDの人は、ちゃっかりしているわけでも要領がいいわけでもなく、それしか生きていく道がないのである。彼らにコツコツと努力することを強いることによって、かえって自信を失わせてしまうのは、彼らの唯一の武器を奪い取ることに等しい。このようなタイプの人に対しては、あまり細かく中間地点で途中経過のチェックをせず、やや大きなスパンで達成目標が設定できるような課題を与え、締め切りギリギリで頑張ってもらうのがよい。

ただし、いざという時になって、独力で力を発揮できる人ばかりではない。その時点で誰かの助力が必要な人も多い。締め切り直前は修羅場になるので、一定の支援の準備をしておくことも重要である。また、本人たちにとって、力を発揮すべき本番が多いと力を蓄えられないため、力を発揮させる本番は、年に2〜3回を限度とするくらいに考えておくのがよい。

❸ 姿勢より内容

「姿勢を正す」という言葉は、物事に真剣に取り組むことを比喩的に述べた言葉である。しかし、ADHDの人たちにとって、これは真実ではない。何かの事情で姿勢を正している時、ADHDの人たちの頭の中は「姿勢を正すこと」そのもので占められてしまう。通常の人であれば期待されるような「姿勢を正せば物事に真剣に取り組むはず」という前提が通用せず、姿勢を正すことに精力が向けられてしまう結果として、やるべきことへの集中力が低下してしまうのである。

したがって、彼らに本当の意味で学習してもらいたい時、姿勢の良否を問題にしてはならない。課題に真剣に取り組んでいるかどうかは、姿勢で判断するのではなく、課題に取り組んでいる時の会話や進み具合などの別の要素から判断すべきである。

❹ 「衝動性」の地雷を踏まない

ADHDの人たちは、何かがちょっと頭に浮かぶと、今やっていることを放り出してでもそれをやろうとする。自発的に思い浮かぶのは仕方ないが、周囲の人たちの発言がその契機となる場合もある。別の話題をこちらから振ると、それで注意が転導してしまう。このような事態は、ぜひとも防ぎたい。

何かをしている時には、余計な雑談は極力避ける。やむを得ず会話せざるを得ない時も、

今やっている課題に直接関連する話題以外はしない。

❺ 不注意症状の防止

　どれだけ気をつけても一定水準以上は不注意が改善しない、ということを前提に、ミスの有無をチェックする役割の人を配置する。ミスは必ず起こるのであるから、ミスしてもとがめてはならない。ミスの仕方と程度には、人によって一定の傾向がある場合が多い。このため、その傾向の範囲内にあればよし、と考える。もしその傾向よりもミスが少ない場合は、素直にそれを喜ぶが、かといってその後の向上を期待してはならない。

❻ 時間を守らせたい時はタイムキーパー役が張り付く

　物事には、「時間を守ることがすべてに優先する」という局面と、「良い結果を残すことがすべてに優先する」局面とがある。ここでも究極の選択が必要である。時間にはルーズであっても良い結果を残すという人の場合、時間を守る努力をさせることよりも良い結果を残すことに専念してもらい、時間の管理については介助したほうがよい。そこのところを割り切っておくことも重要である。本人の意思に関係なく時間を守らねばならない場面もしばしばある。その場合は、誰かタイムキーパー役を置いて介助するほうが無難である。

　ADHDの人たちが遅刻する理由は、「作業が遅れるから」だけとは限らない。所定の時間より10分ほど早く終えてしまうと、残り10分が待てない彼らは、つい余計なことを考えてしまう。「まだ時間があるからこれをやっておこう」と衝動的に思いつき、それをやっていると20分かかってしまう。しかし、一度やり始めたら途中で終えられないため、結果として本来やるべきことは早々と終えているにもかかわらず遅刻してしまう。彼らは、ピッタリ定刻に作業が終えた時しか間に合わないのである。そこで、タイムキーパー役の人は、彼らが万一定刻よりも前に作業を終えてしまった場合に備えて対策を用意しておく必要がある。定刻の10～15分ほど前にタイムキーパー役の人が進捗状況を確認するとともに、そこから定刻になるまでは付き添っておく。万一早く作業を終えてしまった場合、早々に移動を促す。

7. 二次障害への対応

　これまでに述べた対応だけではうまくいかない場合の多くは、何らかの二次障害がある

と考えられる。何かの課題がある時の対応には、克服するための努力や練習といった「訓練型」の対応と、ストレス解消や休養といった「癒し型」の対応がある。発達障害の特性がうまく活用され、適材適所で得意なことを生かせる環境に置かれた発達障害の人たちは、意欲的で努力を惜しまない。このような場合、さまざまな問題に対して本人自らが訓練型の対応で解決を図っていく。しかし、二次障害を伴っている発達障害の人たちでは、訓練型の対応をすると二次障害が悪化するため、「癒し型」の対応が基本となる。また、薬物療法が必要な場合もあるため、医療との連携が不可欠である。

二次障害の中の対応で最も留意が必要なのが、過剰なノルマ化傾向と対人不信である。

❶ 過剰なノルマ化傾向への対応

元来の固執傾向が病的に強まり、無理なことを自らへのノルマと課して、それができないと、あるいはできないことを心配して情緒不安定になったり抑うつ的になったりする。このような状態になると、癒し型の対応にも工夫が必要となる。「頑張り過ぎなくていい」と言われると「自分を否定された」と感じてしまい、「ゆっくり休みなさいよ」と助言されると「どうやればゆっくりできるのだろうか？」と真剣に考え込んでしまい、かえって気疲れする。

劇的に効果のある接し方はないが、本人にこのような傾向があることを言葉で（必要に応じて文字で）明示することは重要かもしれない。例えば「ゆっくり休めと言われると、かえって困ることはないですか？」などと質問してみる。そうすると、「はじめて分かってもらえる人に出会えた」というホッとした様子を見せ、徐々に緊張が和らいでくることが多い。肩の力を抜いて好きな趣味の話などをしているうちに、少しずつではあるが自分で課したノルマのレベルを下げてくることがある。

❷ 対人不信への対応

二次障害の出現している発達障害の生徒では、他者から助言をもらう心構えが全くできていないことが案外多い。それまで困った時に誰かに相談し、助言を得て実践してみるとうまくいったという経験をほとんど積めていない場合、対人不信を示すことが多い。

発達障害の人たちが困っていることを他者に訴える時の多くは、ただ話を聞いてほしいだけか、明確に述べないが何か要求したいことがあり、それをやってほしいのである。そのことに気づかずに何か助言してしても、助言には全く耳を貸さないか、場合によっては「余計なお節介をされた」と感じて怒りだすこともある。

話しかけてくる内容が一見相談のようであっても、念のために「何か私にできることはありますか？」と確認してみるとよい。自分が話している相手が自分に対して何かしよう

と思っているという可能性に、そこではじめて気づく場合がある。二次障害ですでに深刻な対人不信がある場合は、「自分は人を信じていないので、どうせ何もしてくれないんでしょう？」などと発言することがあるので、その場合は、「せっかくだから、話は聞きますよ」などと軽く受ける程度にとどめておく。何も余計な口出しをせず話を聞いてもらう経験自体が少ないため、話を聞いてもらうことを心地よく感じることがあり、その場合は再度相談に訪れる。何度か面接を繰り返しているうちに、場合によっては何かを相談したいという姿勢が形成されてくることもある。

8. 他児との関係

発達障害の特性があると、理解力、興味、活動のペースなどにおいて他の多くの子どもたちと異なるため、集団生活において孤立しやすい。里親委託された子どもの場合、家庭および学校で複数の子どもがいる環境に置かれることが多いため、他児との関係に特別な配慮を要する。

集団生活では、同じ場を共有して同じ活動を皆が一緒に行うことをよしとする雰囲気が生まれやすい。ところが、発達障害、特にASDやADHDの特性があると、興味の対象が他児と異なる、集中力の持続が他児より短いなどの理由で、皆と一緒の行動をとることが難しい。そのような時には、「その子の能力が劣る」と考えるよりも、「少数派で不利な立場に置かれやすい」と考える方が、対応しやすくなる。

集団活動ではどうしても多数派が楽しめるような活動を中心に構成されるので、発達障害の特性がある子どもにとって「自分向き」と感じにくい場面が多くなる。もし発達障害の子どもを積極的に参加させたいと思うのであれば、強引に我慢させて参加させるのではなく、その子が興味を持って主体的に参加したくなるような活動内容や題材を選び、それを示す必要がある。それは決して特別扱いではない。それを特別扱いと言うのであれば、発達障害の子どもの側から見ると、自分以外の多数派の子どもたちはいつも特別扱いを受けているということである。

よく、「○○さんだけずるい」というクレームが他児から出る場合がある。その場合は、そのクレームを言う子どもにも同じ対応をするべきである。重要なことは、発達障害の有無を問わず、すべての子どもが「この活動は自分向けに企画されている」と感じるような活動を行えるかどうかである。子どもの個性の多様性を念頭に置いた活動が当たり前とな

っている環境であれば、発達障害のある子どもだけが孤立することや「特別扱い」とねたまれることは予防できる。

（本田秀夫）

▶参考・引用文献────────────────────────────────
本田秀夫（2013）『子どもから大人への発達精神医学──自閉症スペクトラム・ADHD・知的障害の基礎と実践』金剛出版
本田秀夫（2017）『自閉スペクトラム症の理解と支援──子どもから大人までの発達障害の臨床経験から』星和書店

服薬とその管理

はじめに

　長期的な薬物療法が必要な小児期からの慢性疾患は数多い。白血病の抗がん剤、ネフローゼ症候群や炎症性腸疾患へのステロイド、てんかんに対する抗けいれん剤、糖尿病でのインスリン注射。また、精神保健においても内服が長期にわたる場合も少なくない。さまざまな医療的な処置を家庭で行わなければならないこともある。

　薬を使うという決断、服薬管理は最終的には大人の責任であるが、このことは子どもの考えや意向を無視していいということではないし、すべてを大人がやってあげるのがいいということでもない。発達年齢にあった言葉で説明を繰り返し、子どもの主体性を最大限尊重する。自分でできるところは極力自分でやっていけるように促すための準備をしていくことが不可欠である。というのも、子どもが疾患や障害に対して否定的にのみ捉えず、無力にならないでいるための唯一の方法は、理解して、自ら主体的に関わることだからである。そして、今後、成人として疾患や障害を自分で理解して、自分の責任でコントロールしていくことへの準備は子どもの時から始まっているのである。

疾患等の説明

　保護者がそばにいたほうが安心して医療者からの話を聞きやすいが、保護者の反応は子どもに影響を与えるため、落ち着いて聞けるよう、事前に説明を聞いておく。年齢に合わせた平易な言葉で、絵や図を用いて説明すると注意がそれにくく理解しやすい。治療において、全くの受け身ではなく、内服することや検査を受けること、苦痛など報告することを子ども自身の積極的な行為として共有する。それがあってこそ医療者は最善の治療を組み立てることができることを知っておきたい。

　実際、多くの薬は初回の投与量で完成ではない。症状や副作用に合わせて、増量したり、減量したり、他の薬を併用したりする可能性がある。服用の状況、望ましい変化と望ましくない変化。環境の変化や出来事を医師に伝える必要がある。例えば、飲んでいないことを伝えないと、「薬が効かないから」と増量されたり、薬の数を増やされたり、本当は効

く可能性のある薬を止めたりすることにつながりかねない。

内服の工夫

　服薬を安定させるには、飲みやすくすること、忘れにくくすることが必要である。可能な範囲で飲みやすい剤形（錠剤か顆粒かなど）で処方してもらう。苦味が気になるなら、市販されている内服用のゼリーを使うとか後味に甘いものを飲むのもいい。受け入れがたい副作用への対応を考える。可能な範囲で飲む回数を少なくして、1回に飲む薬が複数ある場合は、薬局で1回分を1包化してもらう方法もある。飲むタイミングは一定に。飲み忘れた時にどうするかを確認しておく。カレンダー式になっている薬入れを作っている方もいる。もちろん、大量服薬の危険が少しでもあるようなら、残薬は大人が管理する。また、きょうだいがうっかり口にしないように置き場所も考える。

内服への抵抗

　精神保健分野では、悪いことをした罰として飲まされていると思っているお子さんや、障害があることの証明といった意味合いで受け止めているお子さんもある。ADHD症状に対して薬を使う場合でも、集中力をあげて、本来の力を発揮できるようにしたいことを話すなど、今の本人の力を認めていることを伝えて、肯定的な評価を前提とした内服の役割を伝える。また、「普通でいたい」という思いから内服に抵抗がある場合もある。自分は自分らしくというのは大人な感覚で、子どもにとって友達と違うことは受け入れにくい。健全な人間関係をつくればつくるほど、その関係を維持する中で、他人と違うことに悩むことになるからだ。こういった思い込みを覆すことは難しいのであるが、根気強く、期待している効果を本人目線でお話しすることが必要である。

　また美容の問題も思春期には特に重要である。例えば、ステロイドによる体重増加を気にして薬を飲みたがらないということもある。友達からどう見られるかが大切で、大人より数段細やかな感受性を持っているので、命に比べればという割り切った考えでは説得が

通用しないのである。実際、この時期にはなんとか説得しながら、その日その日の内服を保っている子どもも少なくない。

　同じ疾患を有している子どもたちと話ができる機会を提供している団体がある。大人の話は聞けなくても、年齢の近い人の話は聞ける場合もあるから、このような機会が役に立つこともある。

おわりに

　服薬管理は疾病や障害を理解して、自分の力でコントロールしていくことを学ぶ貴重な機会である。安全な環境で、年齢にあった説明をして、子どもに主体性を持った管理を促すことが大切である。

（舟橋敬一）

第11章

行動上の問題がある
子どもの理解と対応

Key Word

子どものニーズ／アタッチメント／思春期メンタルヘルス／あたり前の経験／
協働による養育

1. 問題とされるさまざまな行動への対応

❶ 一緒に居続けることの意味

　家庭養護において問題とされる対応困難な行動、例えば、自傷、暴力、万引き、無断外出、不登校、引きこもり等についてどう対応すべきか相談を受けることがある。すでにさまざまな対応をしつくしたあとで、精神的、心理的に何か課題があるのではないかということで相談に来られるケースもある。施設の職員からも、同様にさまざまな取り組みがなされたあと、医療で服薬や入院で何とかならないかといった相談が持ち込まれることもある。子どもの行動上の問題に追いつめられた施設職員に対して、英国の児童精神科医ウィニコットは次のように言っている。

　　「あの子さえいなくなればみんなうまくいくのに」こうなったら非常に危険です。……キーワードは治療や癒しではなくて、むしろ生き残るということです。あなたが生き残れば、その子どもは、もし不運な環境崩壊によって不幸が起きていなければ、その子が当然なっていたであろう人物に成長するチャンスが与えられるのです。◆1

　養育者が子どもと一緒に居続けることの重要性、子どもがそう感じられることの重要性が述べられている。「もうここまでやったのだからしょうがない」「ここでの対応はもう限界、別のところで対応してもらうしかない」との思いを大人が持つその時こそが子どもの成長のチャンスなのだが、これを生かすためには信用できる大人が子どもと居続ける必要がある。ただ、養育者が理解や対応に大きな困難を感じる子どものそばで「生き残る」ことは容易ではなく、養育者の支援体制や、養育者の個別対応スキルの向上が必須である。

❷ 養育者が生き残るために

　施設では心理職がチームの一員であったり、経験のある職員が話を聞いてくれたり、また職員自身も研修を受けていたりさまざまなアドバイスや助けを得ることで生き残ることができる。家庭における養育者にとってはフォスタリング機関や児童相談所のソーシャルワーカー、心理士、時には児童精神科医が支えとなり養育の困り感をチームで共有したり、他の養育者と経験を共有したり、また時にはレスパイトという形で養育者自身が休養を取って自身を回復させたりすることで、養育チームの中で子どものそばに居続ける役割を果たすことが可能になる。これに加えて、子どもの周囲を困らせる行動という理解にとどま

るのではなく、問題とされる行動や心身の症状の背景にある子どもの真のニーズに気づくことができるよう、養育者自身が知識や経験を増やすことも重要である。

　本書では、家庭養護の場で生活する子どもを理解するためのさまざまな知識や捉え方を学んできた。本章ではこれらの知識や捉え方をもとに、子どもと一緒に居続けるために何ができるか考えたい。子どもが生活するすべての場、家庭だけでなく学校や地域において子どもがどのように過ごしていくのかも重要な意味を持つ。家庭養護においても治療的な支援を必要とする子どもが多くなっているが、治療的な支援と生活支援を明確に分けることは難しく、生活支援の中に治療的意味合いが含まれ、また生活と全く離れた治療的な支援は考えにくいことにも十分留意する必要がある。

---

2. 子どもにとっての問題・ニーズを理解する──背景にあるさまざまな要因

---

❶ 家庭養護に委託された子どものニーズ

　養育者が子どもを連れて医療を受診する際、ほとんどの場合、まずは大人が困っていることが問題としてあげられる。大人が困る前に大人が気づかず子どもだけが困っている時期もあったはずであるが、大人が困るような形、行動上の問題や心身の症状として表面化して初めて受診となることが多く、「子どもにとっての問題」になかなか焦点化できないことがある。このような場合、実は一番困っているのは子どもであり、「子どもにとっての問題」に気づき、それを養育者と共有することが最初の目標となる。

　ここで、家庭養護においてどのようなニーズを持つ子どもが生活しているのか改めて確認する。直近の国の調査結果により里親とファミリーホーム（以下、FH）で生活している子どもについてみてみよう。

　心身の状況について「何らかの該当あり」が里親では24.9％、FHでは46.5％となっており、後者は児童養護施設の36.7％よりも高い割合となっている。具体的には、知的障害（里親8.6％、FH15.8％）、学習障害（里親0.8％、FH6.7％）、ADHD（里親5.5％、FH12.0％）、自閉症スペクトラム障害（里親6.7％、FH13.0％）、PTSD（里親0.5％、FH2.3％）、反応性愛着障害（里親2.5％、FH9.0％）が多い。通学状況については普通に通学している子どもが里親で76.8％、FHで87.1％であり通学できていない子どもが2〜3割近くいることが分かる。

　「虐待経験あり」の割合をみると、里親で38.4％（前回31.1％）、FHで53.0％（前回55.4％）となっている。また、里親、FHではネグレクトが最も多く、その割合は65.8％

（前回68.5%）、62.3%（前回63.6%）である。

▶▶▶実践上のヒント

　委託される前の環境で子どもが経験している「通常は経験しない経験（身体的・心理的・性的虐待）」や、逆に子どもが経験できていない「通常は経験しているはずのあたり前の経験」がどの程度あるのかについて、養育を途中から担う養育者は常に想定して対応する必要がある。事前に伝えられる情報にはなくても可能性を常に考慮し、またこのような経験の有無が及ぼす子どもへの影響についての理解を深めておく必要がある。

　また、これまでの里親養育は家族との交流関係について「交流なし」の割合は、里親で70.3%（前回72.4%）、FHで36.9%（前回40.5%）となっている。里親はこれまで実親と子どもとの関係再構築にはあまり関わらないことが多かったが、今後はこの家族再構築支援も里親の重要な役割となる。そうすると親との面会時（または前後）の子どもの行動の変化にも十分留意する必要がある。一方で里親家庭から自立することになる子どももあり、年齢によっては将来の見通しが持てないことによる不安などの影響も考慮する必要がある。

　これとはまた別に、他の施設や里親家庭からの委託となる場合には、移行期の子どもの経験を想像することも重要である（➡第2章参照）。乳幼児期から長期にわたって社会的養護の下に置かれてきた子どもについては、生来の特性や措置される前の経験・環境の影響だけでなく、措置されたあとの生活の影響、一般の家庭ではあたり前に得られる経験や関係が得られにくいことによる子どもへのさまざまな影響についても考慮する。

　このように家庭養護で生活する子どもは、知的障害や発達障害等生まれながらの特徴によるニーズ、虐待・ネグレクト、不安定なアタッチメント等生まれたあとの家族との関係によるニーズ、その後社会的養護となり家庭養護につながるまでの環境や関係性による影響によるニーズなど、さまざまなニーズを抱えている可能性がある。

▶▶▶実践上のヒント

　これらに加えて里親・FHに委託され家庭で一緒に暮らしている今置かれている環境・関係性が影響し新たなニーズが生まれている可能性についても考えることで、今対応している子どもに何が必要かが分かることもある。例えば他の子どもや里親実子との関係、また今が落ち着いて可能になる生い立ちの整理・ルーツ整理と将来の見通しなどが、問題と思われる行動の背景に存在する場合がある。

❷ 思春期の子どものメンタルヘルス

　これまで述べてきたように行動上の問題の背景に存在する「子ども自身の困り感」「子どものニーズ」を理解するにあたっては、知的障害、発達障害、アタッチメントの問題、虐待・ネグレクトの影響、トラウマ等についての知識が必須であり、これらについては前章まで詳しく説明されてきた。ここでは特に思春期の子どもの理解・対応に欠かせないメンタルヘルスの知識と対応について補足する。**養育者は精神疾患や精神症状を持つ子どもがどのように感じているのか想像し、それにどのように応じるべきか考えていただきたい。**このような関わりによって子どもからすると自分のこと（困り感）を理解してくれる、一緒にいてくれると感じられる人になることができる。

　まずはメンタルヘルス上の不調に気づくために日々の生活の中で、特に睡眠と食欲（体重）に注目する。これは体調不良の際に多くの人が気にかける発熱と同様の意味合いで考えるとよい。発熱の有無によって、また、その経過によって身体的病状の変化に気づくことができる。メンタルヘルスにおいては不眠（なかなか寝られない、途中で目が覚める、朝早く目が覚めてその後眠れない、悪夢を見るなど）や過眠（いくら寝ても寝足りない）や、食欲がない、食べようとしない、過食、体重の極端な増減等、いつもと違う睡眠や食事の状況はさまざまなメンタルヘルス上の問題が悪化するのに先立ってみられることがある。また、精神症状の悪化や改善もこの睡眠や食欲をフォローしていくことで予想できることがある。

▶▶▶実践上のヒント

　睡眠については、例えば「よく眠れたか」など漠然と聞くのではなく、「何時に寝て何時に起きたか」と具体的に聞き、毎日の入眠、起床時間（途中仮眠もあればそれも含めて）を確認し記録を残し、ある程度の期間をまとめて見直すことで睡眠リズムの変化や崩れに気づくことができる。

　また睡眠、食欲以外にもだるさや行動の急な変化などもメンタルヘルス不調のサインとして有用である。本人に直接聞いて確認できるとよいが言葉で答えられないとしても、養育者が注意深くフォローすると不調を捉えられることがある。これらに加えて、以下に述べるようなそれぞれの疾患や状態に特徴的なサインがあり、それらに気づいた場合には養育支援に関わる専門職等への相談を検討する必要がある。すべてのケースを即座に医療機関受診につなげるわけではなく、そのタイミングを待つこともある。その間のフォローについては養育者と支援者がチームとして対応することが肝要である。

　以下に、代表的な疾患として統合失調症、うつ病について説明し、さまざまなメンタルヘルス不調悪化時にみられ対応に苦慮することの多い自傷と希死念慮についても述べる。

① 統合失調症

　思考や感情を統合する力が弱く失調しやすい状態にあり、健常者にはない症状が見られること（陽性症状）や健常者にあるはずのものがないこと（陰性症状）がある。100人に1人ほどに見られ、15歳以降での発症が多く、幻聴を中心とした幻覚や妄想（訂正不能な確信）、自我障害（自己と他者との境界の崩壊）といった陽性症状が激しく出現する急性期があり、その後感情鈍麻や意欲の低下など陰性症状が見られるようになる。急性期の症状がそろう前に前駆期があり、不眠や過敏、イライラ、不安や落ち着きのなさ、集中困難等さまざまな症状や人を避けるようになる等の変化が認められるが、初発の場合はこの時点で受診にはつながりにくい。ただ、明らかな精神病症状の始まりから専門的治療が開始されるまでの期間が短いほど予後が良いとも言われており、子どもの生育歴や家族歴も踏まえて特に思春期の子どものメンタル不調が疑われる時には注意深くフォローする必要がある。

　急性期では自分が病気であることを認識できないことが多いが、何かおかしいという感覚を持っていることもある。この健康な自我（つらい体験や困難を何とかしたい思い）に共感し、働きかけることが治療上重要となる。診断された場合には、薬物療法を中心として精神療法、家族支援等がある。特に家族については、統合失調症患者に対する家族の感情表出のあり方が再発頻度に関係すると言われており、拒絶や攻撃、巻き込まれすぎなどに注意する必要がある。統合失調症の人がどのような感覚を持ち、それゆえどのような世界を生きているかについて理解することはとても有益である。統合失調症について説明する書籍やホームページ等で基本的な知識を得ることも重要であるが、それにとどまらず当事者の講演や手記などを通してその世界に触れてみることをお勧めする。さまざまな行動や症状の背景にある、本人の感じている困り感に気づきそれに応じるというこれまで述べてきた基本方針はここでも同様である（より医療専門職との連携と役割分担が重要にはなるが）。

② うつ病

　子どもの元気がない、集中が続かない、勉強ができなくなった、学校に行けなくなった、イライラしている、暴力的になった、食欲がなく体重が減った（逆に過剰に食べる）、夜寝ていない、朝起きてこない、1日中寝転がっている、頭痛や腹痛など訴える、「将来はどうでもいい」という等の変化が見られたとしたら、うつ病の可能性も考える必要がある。エネルギー切れの状態である。「子どもはいつも元気なもので、子どもにうつ病なんてない」と思われていることもあるが、特に社会的養護の子どもについては幼少期の逆境体験やそれを乗り越えるために要したエネルギー、さらに生活環境が大きく変化するたびに新しい環境に適応するために費やしたエネルギー、またもともとの自尊感情の低さや将来を見通せないことによる不安などもあり、周囲の大人が想像している以上にエネルギーを使

い、疲れ切っている子どももいる。一見明るく、良い子として振る舞う子どもの中にも注意深く生活全般を見渡してみると上記の症状のどれかによってエネルギー切れのサインを出していることがある。子どもが生き抜いてきた環境と今置かれている状況、その間（移行期）の変化などを子どもの視点で捉え直し、子どもが相応の疲れを見せず過剰に適応していることが考えられるなら、上記症状がサインとして現れる前に休養させることはとても効果的である。

　うつ病のサインとしては、食欲不振、過食、不眠、過眠、だるさ、頭痛・腹痛・吐き気など身体のサインとして捉えられるものと、憂鬱な気分、意欲低下、無関心、集中力低下、イライラ・焦燥感、将来への悲観、死にたい・消えたい気持ちなど心のサインとして捉えられるものがある。またこれらの症状が午前中にひどく、夕方から夜には改善するといった日内変動が見られることもある。特に子どものうつ病ではイライラ・焦燥感が目立つこともあり、暴言・暴力などから「エネルギーがありあまっている」と誤解されることもあるので注意が必要である。大切なのは上記のような症状のうち1つが見られたら他の症状がないか、家庭や学校など子どもの生活全般を見直し症状や行動が見られないか確認し、同時にこれまでの子どもの生活歴を可能なかぎり前から現在まで振り返ってみることである。その際には児童相談所や里親養育支援者が持っている子どもについての情報を共有し、子どもがこれまでどれくらい頑張ってきたのか関係者で想像し共有する必要がある。これらを合わせて今子どもに見えているサインの意味を理解することが重要である。うつ病の可能性が考えられる場合には医療機関受診も検討する必要があり、学校とも連携しながら子どもが一度しっかり休養しエネルギーを補充できるよう環境を整える。

▶▶▶実践上のヒント

　中には学校を休みづらい真面目な子どももいる。主治医から養育者や学校の担任もいるところで休養することの大切さを説明してもらい、皆で同じ理解を共有することで気兼ねなく、その子にとっては人生ではじめての休養を得られることもある。

③ 自傷

　生活の中で子どものリストカットに気づくことがあるかもしれない。子どもが隠そうとしていることもあれば、隠そうとしないこともあり、養育者は子どもの自殺も連想する中で対応に迷うかもしれない。リストカットについてはその要因はさまざまであるが、そもそも痛みを感じていなかったり、リストカットによって何とか生きていられるという子どももいる。これについても子どもの示すサインとして捉えて、その子なりの要因やリストカットの意味を考える必要がある。

リストカットを発見したり、気づいたりした場合の対応としては、まずこのことについて心配に思う養育者としての気持ちを率直に伝える必要がある。見て見ぬふりは子どもに気づかれていることも多い。養育者としては子どもを思い迷った末の対応だとしても、子どもとしては「放って置かれている」と感じることもある。

▶▶▶実践上のヒント

　リストカットに対しては傷を心配し、傷跡が残らないように「手当て」をすることができる。その際に「もうこんなことしないで」とは言わず、まずは手当てをしながら、どんな気持ちでリストカットをしているのかを聴き受け止める。養育者1人で抱えられない場合や、背景に精神疾患等が疑われる場合には他の専門職も交えて、リストカットをやめさせようとする対応ではなく、リストカットせずにいられない状況の改善に取り組む。

　リストカット以外にもさまざまな自傷行為があるが、いずれも子どもがうまく表現できない困り感の現れ、サインとしても捉えて、その子の置かれてきた状況や現状、子どもが持っている今後の見通し、子どもの特性、捉え方、また思春期に入っての変化などについて再評価し、背景にあるニーズに養育者が気づき対応する必要がある。これも養育者1人で検討するよりも養育チームとして可能であれば学校での生活を評価できる者も含めて生活全般を見直し、対応を検討し一貫した理解と対応を保障することが重要である。

④ 希死念慮と自殺企図

　子どもが「死にたい」「消えたい」と訴えることがあるかもしれない。このような場合、養育者は驚きと不安の中で「そんなこと言わないで」「子どもが死にたいなんて言うものじゃない」「生きたくても生きられない病気の人もいる」など子どもに自殺を思い止まらせようとする言葉を返すかもしれない。しかし、このような場合には、まず「死にたい」という気持ちを「死にたくなるほどつらい気持ち、追い込まれた気持ち、孤立感」としていったんそのまま受け止めることが大切である。このような「死にたい」気持ちを「希死念慮」というが、これは実際に死ぬために自殺を実行に移す「自殺企図」とは区別して対応する必要がある。死にたいほどつらい気持ちの表明である「希死念慮」はしっかり受け止めながら、「自殺企図」に至らないよう自殺をしない約束をする。養育者が希死念慮を否定し受け入れないことは子どもの孤立感や絶望感をより深め自殺企図に至る可能性を高めてしまうかもしれない。まずは、つらい気持ちをしっかり受け止め、そのような気持ちを伝えてくれたことに感謝しながら、つらい気持ちになっている要因について一緒に考え、

必要な場合は支援者や医療につなげることが大切である。養育者自身にもどうしようもない事態であると判断され、理由が全く分からない場合にはできるだけ早く支援者とも検討のうえ、医療等専門機関につなげることで、子どもにとってつらい気持ちをしっかり受け止めてもらえる人や場を確保することも必要である。

　ところで、日本では他国に比べて若者が亡くなる理由として自殺が多く、小学生・中学生の自殺も多い。特に小学生の自殺については家庭でのしつけや家族との関係が原因となるものが多いと言われる。日本の子どもの孤立感の強さや自尊感情の低さとの関連も考えられる。社会的養護の子どもにはこのような日本の子どもが抱える困難が凝縮されているように思える。このような子どもの孤立感を和らげ、自尊感情を少しでも高めるためには、日々の生活における身近な養育者との関係が重要である。精神科診療や心理療法等を週に1回受けるよりも先に、まずは日々の生活の中でありのままを受け入れられる体験と独りではない（分かってもらえている）ことが理解できる対応がなされていることが大切である。家庭での養育者によるこのような対応を可能とするために医学や心理学の知識が活用できるよう、医療・心理の専門職が養育者の理解や対応を支えることが基本であり、そのうえでの心理療法、薬物療法、時には入院治療という考えを関係者で共有する必要がある（強い希死念慮や自殺企図など緊急時には精神科受診が優先される）。

▶▶▶実践上のヒント

　メンタルヘルス上のニーズから医療との連携が必要と考えられる場合であっても自分を病気扱いされることを拒む子どももいる。そのような場合には医療ではなく地域の相談窓口、例えば保健所の思春期相談等が活用できる。相談や受診にあたっては本人の困っていること（例えばよく眠れないなど）に対応する形でタイミングと誘い方を工夫する必要がある。保健所や精神保健福祉センターで地域の相談機関を紹介してもらうこともできる。医療機関であれば、小児科、心療内科、精神科いずれかでの対応となるが地域によって対応できる診療科が異なる場合もあるので、事前に支援機関との相談が必要である。

3. 子どもが感じていること、考えていることをもとに問題をとらえ直す

❶ 発達障害の子どもの世界

　これまでに得たさまざまな知識を、子どもの経験している世界を知り想像し、子どものニーズを理解することに活かす。発達障害の理解については第10章でも説明されているが、ここでも少しだけ取り上げる。発達障害は発達の偏り、アンバランスとしてとらえられる。他と同様またはそれ以上にできることもあるため、できないことを不真面目や反抗ととらえられるなど誤解されやすい。社会的養護の子どもであれば入所にあたって児童相談所で評価されるが、一時保護中に診断を確定することは難しい場合も多い。それは、虐待やネグレクトといった環境が子どもの発達に大きな影響を与え、現在見られる特性が生来のものか、出生後の環境によるものなのか判断するのが難しいからである。その判断には子どもが安全安心を感じられる環境で一定期間安定した生活を続ける必要がある。したがって、家庭に委託された当初は子どもの理解はその時点での仮説的なものとしてとらえ、具体的な生活や支援を検討することになる。発達障害について知識を持つことで分かりにくい子どもの行動や症状の意味が理解できる場合がある。特に自閉スペクトラム症（ASD）については特性を踏まえて子ども個々の世界の感じ方や見方をしっかりとらえる必要がある。子どもが他とは違ったとらえ方をする脳を持っていることを養育者が理解することで、自ずと対応が変わる。ASDの子どもは目に見えるもの、具体的なものの理解はとてもよいが、見えないものや抽象的なものの理解は難しい。また、他者とのイメージの共有も難しいことが多い。同じ場面にいても1人だけ別のことを感じ、考えていることがある。養育者に子どもの言動が、奇妙であったり場違いであったり、失礼であると感じられるのは、子どもの言動のもとにあるこのような世界の感じ方や見方について養育者が十分に理解できていないからである。

❷ 虐待・ネグレクトを経験した子どもの世界

　委託される子どもの多くが経験している虐待・ネグレクトの理解と対応については第9章で詳しく説明されているが、ここでも理解を深めておきたい。虐待環境が子どもの発達に与える影響については、さまざまな研究成果がわが国でも紹介されている。心理的虐待は子どもの心を傷つけるだけでなく脳も傷つけていることが示され、また、厳格な体罰や小児期の性的虐待経験も脳の発達に影響することが明らかにされている。これらの事実から虐待の影響は広範な領域にみられ、長期にわたることも理解できるだろう。また、家庭

内で直接ではなくとも暴力に曝され続けた場合、言動や精神症状など表面的には問題がなく見える子どもでも、その脳機能には影響が及んでいることも報告されている。子どもからすれば、本来安全なはずの家庭で繰り返される暴力という異常事態に子どもの脳が通常とは違った反応をすることは適応の1つともいえる。ただこの適応が学校等での安全な状況において、他の子どもとは違う過剰な反応（問題行動）としてあらわれてしまうことがあるとも考えられる。すでに第9章で説明されたトラウマインフォームドケアの知識がこのような状況を正しく理解し対応するために必要である。このような子どもは生まれながらにそのような脳を持っていたわけではなく環境によってそのような脳を持たざるを得なかった。発達障害の子ども同様、このような子どもにとっても身についた反応はコントロールするのが難しい。子どもが示す一時保護所や施設、里親に委託された際のさまざまな行動上の問題を理解するにあたってはこのような知識も必要である。

　もう1つ、ネグレクトの影響についても理解を深めておこう。親からの情緒的ネグレクト（親と子どもの間の相互的情緒関係の欠如）については、後のうつや不安、暴力などとの関連が指摘されている。また、身体的虐待に比べて認知の問題や学業成績不良、社会的引きこもりや限定的な仲間との相互関係、外に発するよりは内面的な問題などが特徴的とも言われる。

▶▶▶実践上のヒント

　虐待（通常の家庭ではない、あってはならないことがある状況）の影響については心配されるが、ネグレクト（通常の家庭ではあたり前にある、あるべきことがない状況）の影響についてはあまり明確にイメージされないことが多いと思われる。特に乳幼児期のネグレクトはアタッチメント形成も含めて子どもの発達に大きく影響するものであり、この影響について十分理解しておく必要がある。また、どの程度をネグレクトとするのか、その線引きも難しいが、子どもにとって「ない」こと、子どもがそう感じていることが子どものメンタルヘルスに影響するという報告がある。社会的養護下の子どもにはネグレクト経験者が多い状況を考えると、子どもを理解するにはネグレクトの影響もしっかり理解しておく必要がある。

4. 「問題解決」に向けた対応について

❶ 子どもの日々の生活の重要性

冒頭にあげたウィニコットは次のようにも言っている。

　　最初に重要なことは子どもをふさわしい場所に置くことであり、ふさわしい場所は
それだけで、かなりのケースに対して治療として機能します。◆2

　さまざまな問題を抱えた子どもにとって、治療の前に生活の場を個々の子どものニーズ
を満たす場としていくこと、それまで不足・欠如していたものを補う場としていくことの
重要性を指摘したものである。

　問題行動があるからといってその直接的解決から始めるのではなく、まずは子どもの
日々の生活の中であたり前の経験・関係の不足・欠如を補う必要がある。施設・家庭の形
態にかかわらず、一人ひとりの子どもがどのような経験をしているか、感じているかが重
要であり、その改善に向けてそれぞれの施設・家庭の枠の中で日常生活のあり方を常に評
価し必要な工夫を続けていく必要がある。あたり前の経験の重要性に気づき、日々の生活
の中で意識的に補うことが大切である。先行研究からは生後半年〜2年までの間、できる
限り早期に良好な家庭養育へ移行し「安定したアタッチメント形成」を可能にする個別の
関係性を得ることが重要であり、形式ではなく個別の養育の質が子どもにとって最重要と
される。これを踏まえると、社会的養護の子どもの生活において最も重視されるべきは養
育者との個別の関係構築である。日々の生活の中で生じる子どもへの細かな対応について
は、里親が子どもの問題行動に目を奪われるのではなく、子どもの真のニーズを見極めて
対応できるようになる必要がある。また、日常における里親の里子へのさまざまな対応は、
里子との良好な関係を築く過程でもあることに十分留意しなければならない。さらに家庭
における日常生活では、養育者自身が子どものモデルとなっており、子どもの態度や行動
を変えようとする前に、養育者自身が考えや態度を変えることが子どもとの関係改善の第
一歩となることも多い。子どもの低い自尊感情の改善のために、子どもが自分でできるこ
とを増やし、子どもを褒める機会を積極的に作ることが推奨されるが、養育者自身の自尊
感情やエネルギーの回復も忘れてはならない。養育者が日々の生活の中で発する何気ない
言葉や行動を子どもがモデルとして取り込むことを考えると、養育者自身が養育の合間に
十分な休息をとり、回復できるような支援が必須である。施設においては施設内での調整

や連携があるが、里親においてはフォスタリング機関等がその役割を果たすことになる。里親は1人で子どもを養育するのではなく、養育チームの一員としてサポート、スーパーバイズを受けながら子どもと日々の生活を送る。また、子どもがさまざまな課題に自ら気づき、自分でコントロール・解決できるよう日々の生活の中で取り組むことも養育者の重要な役割である。

▶▶▶実践上のヒント

　子どもが委託されるまでの生活においてはルールもなく予測不能な中、問題が生じても自分ではどうすることもできず、大人に決められたことを受け入れるしかなかった。子どもが自分で何が問題か、またその解決に向けて何ができるのかを考え、実行に移し、その結果を自らの決断の結果として受け入れて前に進んでいくという経験を1つでも多くできるよう、養育者は日々の家庭生活の中で対応することが重要である。

❷ 日々の生活にアタッチメントや発達障害の知識を生かす

　日々の生活の中でアタッチメントの考えを生かした対応をすることも重要である。詳細は第8章で説明された通りである。安定型アタッチメントでは養育者は子どもにとっての安全基地として機能し、他人に対する基本的信頼感や自分に対する基本的肯定感が育ち、精神、心理、社会的な発達の基礎が形成される。養育者自身に子育て経験がある場合、このような理解は難しくないかもしれないが、実際に委託される子どもはこのような想像や経験とは異なる反応を示すことが多い。子どもは委託される前の生活で身につけたパターンで新しい養育者に対応し続ける。そうすると養育者は必死に世話をしているのに無視されていると感じたり（回避型）、わがまますぎると感じたり（アンビバレント型）、何を考えているのか、どうしたいのか分からない（D型）と思うかもしれない。養育者は子どもの真のニーズには気づけず、子どもとの関係も混乱したものとなる可能性がある。アタッチメントに関する知識があると、表面的な行動に惑わされることなく、その奥にあるニーズ（それまで満たされたことがないため子ども自身も気づいていないようなニーズ）に気づくことができ、適切な対応につなげることが可能になる。

　さらに発達障害のある子どもについても、子どもの感じている・考える世界を理解したうえで日々の生活における対応を考え実践し、子どもの反応を見て養育者の理解と対応がずれていなかったかを評価し、次の対応につなげていくことが求められる。

Episode

　たくさんの子どもが並んでいる列に、いつも横入りしてしまう3人の子どもがいた。A君はADHDの特徴があり、横入りが悪いことは理解できるが、どうしてもほしいものがある時に、ほしいと思ったその気持ちにブレーキがかからず、そのまま行動していた。怒られると反省はできるが、次も繰り返していた。B君はASDの特徴があり、そもそも並ぶことの意味、ルールが分からなかった。皆が早くほしいと思っているのに、わざわざ後ろに並ぶ理由が分からなかった。B君にA君同様怒ったところで、B君にはなぜ怒られたのか意味が分からない。B君には「順番に並んで待つ」ことについて、本人が理解できるように説明する必要があった。

　C君はADHD、ASDいずれの特徴もなかった。C君の行動の背景にあるニーズを把握するために行動の前後に何が起こっているか観察することが有効であった。問題とされる行動の前（きっかけ）と後（結果）に何が起こっているか、毎回記録をとる中で、横入りしたあとは、別室に連れていかれて個別対応で怒られることが繰り返されていることが分かった。大人からすれば注意、指導であったとしても、子どもからすると、良いことをしても、悪いことをせずに頑張っていても得られない大人からの注目が、悪いことをした時にだけ得られる状況になっていたのかもしれない。

　社会的養護の子どもが家庭で経験してきた環境はこのようなものであることも多く、マイナスの注目でも注目が何もないよりはよい状況となっていることがある。養育者としては日々の生活の中で、他の子どもであればあたり前にできているような行動であっても、その子にとっては特別にできた行動としてすぐに気づき、個別に注目（プラスの注目）を与えることを常に意識しておく必要がある。悪いことをした時にしか大人から対応してもらえなかったこれまでの環境を、良いことをした時に対応してもらえる状況に変えていくことが養育者に求められる。子どもの行動が変わるのを待ち続けるのではなく、日々の生活の中での子どもへの注目の仕方を養育者が意識して変えることで子どもの行動が変わる。1日に5回ほめるなど決めて、毎日の生活の中で常に意識することから始めてみるのもよい方法である。

5. さいごに──家庭養育において最も大切なこと

　子どもがありのままでいられて、一緒にいてくれると思える人がいる安定した場としての家庭養育が必要とされている。**これは養育者1人が努力して実現されるものではなく、養育支援に関わる専門職や地域の支援者との協働によって実現されるものである。**

　第7章では安定したアタッチメントを構築し、子どもに肯定的な注目を与え続けることで自尊感情も改善させるための具体的な方法としてフォスタリングチェンジ・プログラムの中からアテンディングが紹介されている。アテンディングとは一緒にいるということであり、子どもが遊んでいる間、子どもと一緒にいて肯定的にサポートすること、子どもが何をして、何に興味を示しているかに気づき、子どもに対して何をすべきか示したり、質問したりすることをせずに、今子どもが取り組んでいることを実況中継したり、子どもの取り組みに興味を示したり、できたことをほめたり、感じた肯定的な感情を表出したりすることである。子どものサインやリードに添って対応し、養育者が方向を定めたり、さえぎることはしない。このような対応によって子どもは養育者が一緒にいてくれて自分に注目してくれていることを実感し続ける。これによって養育者と子どもの間に信頼関係が形成され、子どもは自分自身をより肯定的に感じるようになる。このような具体的な方法を確実に日々の生活の中で実践し、その効果を確かめていくことが本質的な対応といえる。

　また、物理的な養育環境を整えるだけでなく、安定したアタッチメント形成こそが重要であり、アタッチメントの安定性はその後の精神病理症状に対して防御因子として機能することを示す研究結果がある。日々の生活における対応こそが精神疾患や症状については治療的（予防的）支援ともなっているといえる。安定型のアタッチメント・パターンを示す子どもが日々の生活の中であたり前に受けられている、特定の養育者からの敏感で応答性が高く一貫した対応を、委託された子どもに提供することが養育者の重要な役割になる。**養育者として子どもとの間に安定したアタッチメントを形成することが、養育者のもとを短期間で去るかもしれない子どもの一生を左右する可能性があることを常に意識しておく必要がある。**社会的養護の中で、安定したアタッチメントを形成することは、その後の家庭復帰や養子縁組等による別れを想像すると辛く思われるかもしれないが、養育者としてはそのような見通しを持ちながら、子どもにとって人生の初期に安定したアタッチメント形成にしっかり取り組むことが重要である。

　最後にある社会的養護当事者の声と、子どもの権利条約の父とも言われるヤヌシュ・コ

ルチャックの言葉を記す。

　　施設で生活した私が施設に求めるのは「いっしょに生きてくれる人」を失った子ど
もたちにとって、「いっしょに生きてくれる人」が見つかる場所であってほしいとい
うことです。◆3

　　残虐な行為が当たり前になっている世界において、子どもの悲しい人生に強い影響
を与えるのは、愛と理解と敬意を自分に示してくれた人物—おそらく唯一の人物でし
ょうが—の記憶でしょう。自分を絶対に失望させない人物が一人でも存在しているこ
とを知っていたら、子どもの将来や自己認識は違った道をたどることになるでしょ
う。◆4

　子どもにとって「愛と理解と敬意を自分に示してくれる人」「自分を絶対に失望させな
い人」として「一緒に生きてくれる人」が必要であり、さまざまな支援や協働を得てその
役割を担う養育者が地域に1人でも多く増えていくことを強く願う。

（上鹿渡和宏）

▶注

1　ウィニコット著、西村良二監訳（2005）「セラピーとしての居住型ケア（1970年）」『愛情剝奪
と非行』岩崎学術出版、245頁
2　ウィニコット著、西村良二監訳（2005）「戦時下と平和時における子どもたちの宿舎（1948
年）」『愛情剝奪と非行』岩崎学術出版、78頁
3　NPO法人社会的養護の当事者参加推進団体日向ぼっこ（2009）『施設で育った子どもたちの居
場所「日向ぼっこ」と社会的養護』明石書店、120頁
4　サンドラ・ジョウゼフ編著、津崎哲雄訳（2001）『コルチャック先生のいのちの言葉』明石書店、
107頁

▶参考・引用文献

カレン・バックマン、キャシー・ブラッケビィ他著、上鹿渡和宏、御園生直美、SOS子どもの村
　　JAPAN監訳（2017）『フォスタリングチェンジ　子どもとの関係を改善し問題行動に対応する里
　　親トレーニングプログラム【ファシリテーターマニュアル】』福村出版
厚生労働省子ども家庭局 厚生労働省社会援護局障害保健福祉部 令和2年1月「児童養護施設入所児
　　童等調査の概要（平成30年2月1日現在）」
　　https://www.mhlw.go.jp/content/11923000/000595122.pdf（2020年6月10日アクセス）
友田明美（2012）『いやされない傷』診断と治療社
チャールズ・A・ネルソン他著、上鹿渡和宏他監訳（2018）『ルーマニアの遺棄された子どもたち

の発達への影響と回復への取り組み──施設養育児への里親養育による早期介入研究（BEIP）からの警鐘』福村出版

Mccrory, Eamon J., et.al.（2011）'Heightened neural reactivity to threat in child victims of family violence', *Current Biology*, Vol21, No23, pp.947-948.

Young, R., Lennie, S., Minnis, H.,（2011）'Children's perceptions of parental emotional neglect and control and psychopathology', *Journal of Child Psychology and Psychiatry*, Vol52, No8, pp.889-897.

おわりに

　本書は、第一線で活躍する子ども支援の専門家や、日本でもまだ少ない里親養育の専門家に執筆をお願いすることができました。それぞれの専門家から提供された知見は、養育者や支援者が子どものニーズを理解し対応するにあたって、多くの具体的なヒントを与えてくれるものとなっています。全国で家庭養育の取り組みが増え始めたこの時期に、本書をまとめ出版する機会をいただいたことに深く感謝申し上げます。

　フォスタリング機関ガイドラインには、里親制度は子どものための制度であり「子どもの希望や気持ちに耳が傾けられ、子どもが個人として尊重され、その自己肯定感が高められるよう、個々のニーズや生い立ちに応じたケアが提供されるべきである」と記されています。本書で紹介された知識や方法、子どもの捉え方は、複雑な状況を生き抜いてきた子どもの言葉や行動の背景にある子どものニーズを理解し応じるために役立つものであり、広く活用されることを期待します。

　ところで、かつて筆者は同様の困り感（ニーズ）を持っていると思われる子どもが、教育・福祉・医療のさまざまな実践現場で、それぞれの専門性に基づく異なる方針で処遇されているのを目にしました。子どものニーズに合わせた支援の重要性が言われていましたが、実際にはそれぞれの専門家が提供できる支援に子どもが合わせるしかない状況も見られました。専門性を高めなければ見えないこともありますが、反対に見えにくくなることもあり、自分の専門性（捉え方）のみですべてを解決しようとすることで、子どもの真のニーズに応じることが難しくなることもあります。第11章であげたウィニコットの言葉は、当時筆者が児童精神医学の枠組みで問題解決を考え行きづまる中、子どものニーズに焦点化し医学の枠組みを超えて福祉の枠組みで問題を捉え直すきっかけを与えてくれました。また、「いっしょに生きてくれる人が必要」という当事者の声によって、既存の枠組みを超えたニーズ理解と対応の必要性を確信しました。

　本書を読まれた養育者や支援者がすでに持っている知識や経験、考え方の枠組みに、本書で紹介された新たな知見や枠組みを追加し、実際の子どもとのやり取りで活用されることを期待しています。そして自分の専門にそった考え方や枠組みでは、どうしても子どものニーズから離れてしまうかもしれないと感じた際には、自分の捉え方や考え方の傾向を自覚し、ぜひ新たな気持ちで子どもの声に耳を傾けていただきたいと思います。自分とは異なる子どもの感じ方や考え方を理解するにあたっても、本書は役立つはずです。

　最後に、執筆をご担当いただいた皆様、明石書店の深澤孝之様、辛島悠様、多くの養育者と支援者の皆様、そして、子どもたちに心よりお礼を申し上げます。本書が里親養育に関わる多くの関係者に読まれ、一人でも多くの子どもの最善の利益保障に貢献してくれることを願っています。

　2021年3月

上 鹿 渡 和 宏

■編集代表

相澤 仁（あいざわ・まさし）

1956 年埼玉県生まれ。

立教大学大学院文学研究科教育学専攻博士課程後期課程満期退学。

国立武蔵野学院長を経て、2016 年 4 月より、大分大学福祉健康科学部教授。

日本子ども家庭福祉学会会長、日本子ども虐待防止学会理事。

『子どもを健やかに養育するために』（共編、2003 年、日本児童福祉協会）、『児童生活臨床と社会的養護』（分担執筆、2012 年、金剛出版）、『やさしくわかる社会的養護シリーズ全 7 巻』（編集代表、2012 ～ 2014 年、明石書店）

■編集

上鹿渡和宏（かみかど・かずひろ）

1971 年北海道生まれ。

京都府立大学大学院公共政策学研究科福祉社会学専攻博士後期課程修了。

児童精神科医、博士（福祉社会学）。病院、児童相談所等での勤務を経て、2019 年 4 月より、早稲田大学人間科学学術院教授。

『欧州における乳幼児社会的養護の展開――研究・実践・施策協働の視座から日本の社会的養護への示唆』（2016 年、福村出版）、『フォスタリングチェンジ　子どもとの関係を改善し問題行動に対応する里親トレーニングプログラム』（監訳、2017 年、福村出版）

御園生直美（みそのお・なおみ）

1976 年千葉県生まれ。

The Tavistock & Portman NHS（University of East London）Infant mental health MA.

臨床心理士、公認心理士、博士（心理学）。白百合女子大学研究助手（助教）、The Tavistock & Portman NHS Research Assistant を経て、現在、早稲田大学社会的養育研究所研究院客員講師。NPO 法人里親子支援のアン基金プロジェクト理事。

『乳幼児虐待のアセスメントと支援』（分担執筆、2015 年、岩崎学術出版）、『フォスタリングチェンジ　子どもとの関係を改善し問題行動に対応する里親トレーニングプログラム』（監訳、2017 年、福村出版）

■執筆者一覧〈執筆順、（　）は担当個所〉

長田　淳子　二葉乳児院副施設長・里親支援統括責任者（第1章）

御園生直美　早稲田大学社会的養育研究所研究院客員講師（第2章、第8章）

山本真知子　大妻女子大学人間関係学部准教授（第3章）

徳永　祥子　立命館大学衣笠総合研究機構准教授（第4章）

相澤　　仁　大分大学福祉健康科学部教授（第5章）

上村　宏樹　一般社団法人 無憂樹代表（第6章）

松﨑　佳子　広島国際大学特任教授・SOS子どもの村JAPAN理事（第7章）

野坂　祐子　大阪大学大学院人間科学研究科准教授（第9章）

本田　秀夫　信州大学医学部子どものこころの発達医学教室教授（第10章）

上鹿渡和宏　早稲田大学人間科学学術院教授（第11章）

岩佐　嘉彦　いぶき法律事務所 弁護士（コラム）

松永　　忠　児童養護施設 光の園施設長（コラム）

吉川　昭代　NPO法人キーアセット マネージャー（コラム）

橋本　文子　児童養護施設一陽 元家庭支援専門相談員（コラム）

鈴木　　聡　三重県児童相談センター市町アドバイザー（コラム）

矢野　茂生　おおいた子ども支援ネット専務理事（コラム）

舟橋　敬一　埼玉県立小児医療センター精神科部長（コラム）

シリーズ みんなで育てる家庭養護 里親・ファミリーホーム・養子縁組 ❹

中途からの養育・支援の実際──子どもの行動の理解と対応

2021年4月30日　初版第1刷発行

編集代表　　相　澤　　　仁
編　　集　　上鹿渡　和　宏
　　　　　　御園生　直　美
発 行 者　　大　江　道　雅
発 行 所　　株式会社　明石書店
〒101-0021　東京都千代田区外神田6-9-5
　　　　　　電　話　03（5818）1171
　　　　　　FAX　03（5818）1174
　　　　　　振　替　00100-7-24505
　　　　　　http://www.akashi.co.jp
　　　　　装丁　　　　谷川のりこ
　　　　印刷・製本　モリモト印刷株式会社

ワークで学ぶ 子ども家庭支援の包括的アセスメント
要保護・要支援・社会的養護児童の適切な支援のために
増沢高著
◎2400円

事例で学ぶ 社会的養護児童のアセスメント
子どもの視点で考え、適切な支援を見出すために
増沢高著
◎2000円

市区町村子ども家庭相談の挑戦
子ども虐待対応と地域ネットワークの構築
川松亮編著
◎2500円

必携 市区町村子ども家庭総合支援拠点スタートアップマニュアル
鈴木秀洋著
◎2200円

児童相談所改革と協働の道のり
子どもの権利を中心とした福岡市モデル
藤林武史編著
◎2200円

子ども・家族支援に役立つアセスメントの技とコツ
よりよい臨床のための4つの視点、8つの流儀
川畑隆編著
◎2400円

子ども・家族支援に役立つ面接の技とコツ
〈仕掛ける・さぐる・引き出す・支える・紡ぐ〉 児童福祉臨床
宮井研治編
◎2200円

発達相談と新版K式発達検査
子ども・家族支援に役立つ知恵と工夫
大島剛、川畑隆、伏見真里子、笹川宏樹、梁川惠、衣斐哲臣、菅野道英、宮井研治、大谷多加志、井口絹世、長嶋宏美著
◎2400円

児童福祉司研修テキスト
児童相談所職員向け
金子恵美編集代表、佐竹要平、安部計彦、藤岡孝志、増沢高、宮島清編
◎2500円

要保護児童対策調整機関専門職研修テキスト
基礎自治体職員向け
金子恵美編集代表、佐竹要平、安部計彦、藤岡孝志、増沢高、宮島清編
◎2500円

新版 子ども虐待在宅ケースの家族支援
「家族維持」を目的とした援助の実態分析
畠山由佳子著
◎4600円

学校現場で役立つ子ども虐待対応の手引き
子どもと親への対応から専門機関との連携まで
玉井邦夫著
◎2400円

児童虐待対応と「子どもの意見表明権」
一時保護所での子どもの人権を保障する取り組み
小野善郎、薬師寺真編著
◎2500円

子どもへの体罰を根絶するために
臨床家・実務者のためのガイダンス
エリザベス・T・ガースホフ、シャウナ・J・リー編 溝口史剛訳
◎2700円

子どもの虐待防止・法的実務マニュアル【第6版】
日本弁護士連合会子どもの権利委員会編
◎3000円

子どもの権利ガイドブック【第2版】
日本弁護士連合会子どもの権利委員会編著
◎3600円

〈価格は本体価格です〉

子どものための里親委託・養子縁組の支援

宮島清、林浩康、米沢普子 編著

A5判／並製／244頁 ◎2400円

2016年の児童福祉法改正と養子縁組あっせん法の成立、2017年の新しい社会的養育ビジョンを経て、日本の家庭養護は大きな転換期を迎えている。それを受け本書では、子どもの最善の利益を図る里親制度、養子縁組とは何かを改めて議論するためのプラットホームを提供する。

●内容構成●

里親と子ども

『里親と子ども』編集委員会 編　A5判／並製 ◎各1500円

「里親制度・里親養育とその関連領域」に関する専門誌。里親のみならず、施設関係者・保健医療関係者・教育・保育など幅広い領域の方々に向けて、学術的な内容をわかりやすい形で提供していく。

〈価格は本体価格です〉

実践に活かせる専門性が身につく！

やさしくわかる【全7巻】
社会的養護シリーズ

編集代表 **相澤 仁**（大分大学）　　A5判／並製／各巻2400円

- 社会的養護全般について学べる総括的な養成・研修テキスト。
- 「里親等養育指針・施設運営指針」「社会的養護関係施設第三者評価基準」（平成24年3月）、「社会的養護の課題と将来像」（平成23年7月）の内容に準拠。
- 現場で役立つ臨床的視点を取り入れた具体的な実践論を中心に解説。
- 執筆陣は、わが国の児童福祉研究者の総力をあげるとともに、第一線で活躍する現場職員が多数参加。

〈価格は本体価格です〉